献给永远的园长妈妈——徐刚女士

依霖小苑里的 小日子

主　审　　徐　刚
主　编　　王佳颖
副主编　　钟娜曼
编　委　　熊冬梅　　周海英　　刘　娟
　　　　　乔丽华　　谢晓梅　　熊金萍
　　　　　张天菊　　郁朵朵　　王军红
　　　　　倪园园　　曾晓瑞　　马　青
　　　　　徐　芳　　张晓驰　　张　影
　　　　　邱丽琴　　张兆妍

江苏大学出版社
JIANGSU UNIVERSITY PRESS
镇　江

图书在版编目（CIP）数据

依霖小苑里的小日子 / 王佳颖主编. -- 镇江 ：江苏大学出版社，2025. 5. -- ISBN 978-7-5684-2523-0

Ⅰ. G612

中国国家版本馆CIP数据核字第2025E6X816号

依霖小苑里的小日子

Yilin Xiaoyuan Li De Xiaorizi

主　　编/王佳颖

责任编辑/李　娜

出版发行/江苏大学出版社

地　　址/江苏省镇江市京口区学府路 301 号(邮编：212013)

电　　话/0511-84446464(传真)

网　　址/http：//press. ujs. edu. cn

排　　版/镇江文苑制版印刷有限责任公司

印　　刷/南京互腾纸制品有限公司

开　　本/787 mm×1 092 mm　1/16

印　　张/19.25

字　　数/380 千字

版　　次/2025 年 5 月第 1 版

印　　次/2025 年 5 月第 1 次印刷

书　　号/ISBN 978-7-5684-2523-0

定　　价/100. 00 元

如有印装质量问题请与本社营销部联系(电话：0511-84440882)

序言

在时光里种下"无痕生长"的种子
——写给《依霖小苑里的小日子》及依霖幼儿园建园二十周年

一、以"孩子的视角"看见教育的另一种可能

当清晨的第一缕阳光掠过依霖小苑的足球场,当孩子们的笑声漫过种植园地的竹篱笆,这里的每一天都在诠释着同一个理念:教育,不该是刻意的"塑造",而应是"浸透式,不留痕迹的",正如春风化雨一般的"浸润"。作为深耕学前教育二十载的教育团队,依霖幼儿园的老师们始终相信:2~6 岁的孩子以直观形象思维触摸世界,他们的成长需要的不是被灌输知识,而是在真实可感的情境中自然"经历"。

《依霖小苑里的小日子》正是这一教育理念的生动诠释。书中没有传统意义上的"知识课堂",却处处是生长的课堂——从"世界粮食日"活动中孩子们创作 T 恤、齐心协力用废旧衣物和手工材料精心装扮稻草人的奇思妙想,到春天"装扮一棵树"活动时,踮脚为树枝系上风铃、挂上手绘纸鸢的欢快身影;从"以书换'蔬'"阅读月活动中抱书认真"讨价还价"的专注模样,到荷花宴上轻嗅莲子清香、热烈探讨荷花生长知识的童言趣语……这些充满生机与活力的探索实践,共同构成了孩子们独一无二的成长故事。

二、无痕教育的秘密：让环境说话，让体验发芽

为什么要执着于创设真实情境下的创意大活动？因为我们深知：幼儿的学习发生在感官与事物的碰撞中，发生在问题与探索的循环里。

在依霖小苑，每一寸空间都成了无声的"教育者"。爬满藤蔓的"自然观察角"，随着春耕、秋收等主题变换，鼓励孩子们用画笔和符号记录植物的四季生长；爸爸的职业体验活动中，爸爸们化身"老师"，通过真实情境，带孩子们认识传统与新兴职业，感受不同职业的价值；模拟商场打造的"小食代"自助餐活动，让孩子们自然而然地理解用餐规则，学会餐桌礼仪。这些精心设计的场景，让环境"开口说话"，陪伴孩子们在体验中学习与成长。

在依霖小苑，每项活动都是浸润童心的鲜活教材。"寻宝奇妙夜"里，师生携手用 DIY 帐篷搭建温馨大本营，孩子们分享美食、合作闯关，在寻找宝藏的过程中收获勇气盾牌，懂得沟通协作与责任担当；"以书换'蔬'"阅读月活动中，孩子们手持绘本兑换蔬菜，亲手设计包装，在表达需求中锻炼语言能力、增强自信心；夏日玩水时，孩子们自主设计"战袍"，在水花四溅的欢声笑语里，不知不觉体会了创意与实践的乐趣。这些活动以温度滋养着成长，让知识在体验中自然生根。

这种"浸透式，不留痕迹的教育"的核心，是把教育目标藏进孩子们的兴趣里，把学习过程还原为生活本身。正如书中记录的那样：当孩子在问候日活动中主动向同伴送上问候和祝福时，他们学会的不仅仅是分享，更是对他人的关怀；在户外探索活动中，孩子们相互搀扶、分享发现，这一举动背后蕴含的不仅仅是协作精神，更是对同伴的关爱与守护；当他们在"认领一棵树"计划中坚持每天照顾和美化树木时，不仅收获了丰富的植物知识，更让责任感在他们心中"萌芽"。

三、二十载初心：守护童年，更守护成长的"自然律"

今年，恰逢依霖幼儿园建园二十周年。回首这二十年，我们始终坚持在做一件事：遵循孩子的身心发展规律，让教育回归"看见人"的本质。

给孩子留白的成长空间，允许孩子在活动中"慢慢来"。我们倡导赋予孩子充分的主动权，让他们作为活动的主人，深度参与。同时，以包容开放的态度接纳孩子在活动过程中出现的任何问题，尊重他们在活动中突破预设框架的个性化表现。因为我们坚信，尊重、信任和放手能

为孩子们的成长注入强大的动力，能助力他们收获更丰富的成长体验与更广阔的发展空间。

让教育成为"看不见的支持"：教师在活动中的角色是"孩子王"，是"场景设计师"与"成长记录者"。他们会在孩子专注观察树皮时，悄悄拿来放大镜；会在超市购买活动中，用提问引导孩子发现价格标签的秘密；更会用镜头和文字，将孩子们的每一个"哇时刻"收录进《依霖小苑里的小日子》，让成长有迹可循。

四、致读者：这不仅仅是一本书，更是一场关于童年的邀约

在本书中，我们对不同年龄段的孩子，以"老大""老二""老三"相称。在依霖的混龄教学班中，这些称谓并非简单的年龄排序，而是承载着独特教育理念的温暖符号。"老三"代表班级里 2~3 岁的萌趣新生，像破土而出的嫩芽，对世界充满好奇；"老二"是 4~5 岁的活力中坚，如同茁壮成长的小树，在探索中不断汲取养分；"老大"则是即将毕业的大班孩子，宛如挺拔的大树，为弟弟妹妹遮风挡雨。

翻开这本书，你会看到：

老三在活动中攥着绘画工具，眼睛紧紧盯着目标，认真的模样丝毫不输哥哥姐姐；

老二悄悄模仿着"小榜样"的举手投足，用故作成熟的口吻与人交流，眉眼间满是憧憬；

老大在活动中主动扮演"小老师""小大人"的角色，细心照顾弟弟妹妹，耐心解答疑问，用行动诠释着责任与担当……

这些看似普通的日常，却是"依霖人"最珍视的教育现场。因为我们坚信：真正的童年不该被成人思维下的"教育"填满，而应被"生活"浸润；真正的成长不应是知识的堆砌，而应是生命能量的自然生长。

值此建园二十周年之际，谨以《依霖小苑里的小日子》向所有守护依霖孩子童年的"依霖人"致敬：愿每个孩子都能在"浸透式，不留痕迹的教育"里，自由舒展根系，向上生长；愿每一位"依霖人"都能在这里重新发现教育的初心——最好的教育，是让孩子在笑声中忘记自己在"学习"，却在时光里悄悄生长出面对世界的勇气与智慧。

钟娜曼

2025 年 5 月

目录
Contents

目录 Contents

我们喜欢这样「由我们自己做主」的教育环境和教育活动。

环境会说话，让环境说话。

浸透式，不留说话的痕迹。

小手拉"古"，文化初体验

Diary of Yilin Courtyard

珍惜一饭一餐，发扬传统美德

● ● ● ● ● ●

思路

1979 年 11 月，第 20 届联合国粮农组织大会决议确定，1981 年 10 月 16 日是首届"世界粮食日"，此后每年的这一天都作为"世界粮食日"。设立"世界粮食日"的宗旨，在于唤起全世界对发展粮食和农业生产的高度重视。

中国是一个有 14 亿人口的大国，粮食安全是关系民生的头等大事。2020 年春天，突如其来的新冠疫情使全世界面临着粮食储备、粮食供应的难题，中国也经受了考验。习近平总书记高度重视粮食安全，早在 2013 年就作出重要指示，要求"厉行节约、反对浪费"，要求杜绝"舌尖上的浪费"，强调"要进一步加强宣传教育，切实培养节约习惯，在全社会营造浪费可耻、节约为荣的氛围"。

在这样的大背景下，我们可以做些什么？

幼儿园里的"一餐两点"，家庭里的饮食，如何做到节约？

怎样有效开展"光盘行动"？

目标

· 让幼儿知道每年的 10 月 16 日是"世界粮食日",并能熟悉一种或几种常见的农作物,了解它们的特征和食用方法。

· 通过古诗词学习、绘本阅读、"新闻小主播"活动、"光盘行动"及节约粮食公约等形式,让幼儿了解粮食的重要性,培养幼儿"珍惜""节约"的好品质,并将其落实到日常生活中。

实录

古人说:"谁知盘中餐,粒粒皆辛苦。"

习近平总书记说:"手中有粮、心中不慌在任何时候都是真理。"

科学家说:"科学研究,量产丰收。"

孩子们说:"依霖播种,我们感恩。"

一个孩子从老三进入"一家人"学习生活,到成为老大,经过 2 年多与哥哥姐姐的共同学习,已经积累了很多关于秋天的知识与经验。今天由老大带领"一家人"用农作物的果实来布置环境,经过他们的一番摆弄,幼儿园一角呈现出最美的秋景!

原来果实还能装扮秋天啊,好美!

　　用什么方式来创作 T 恤？设计一件怎样的 T 恤？能把它送给谁？依霖"艺术大师们"带着问题用丝网版开始了创作。

　　在丝网版上画画，得先把 T 恤套在丝网版上。瞧，老大正在研究如何把 T 恤套在丝网版上，老二、老三渴望学习的小眼睛紧盯不放。学习用丝网版来作画，创意一定会无极限。再用白色粉笔画下想表达的创作内容。看，"一家人"多么专注，多么认真，白色粉笔起落间展现出天马行空的想象力，他们像极了"世界级的艺术大师"。

年龄最小的宝宝，在创作态度上丝毫不输哥哥姐姐们。孩子们虽然年龄小，但投入和专注度一点都不低。只要老师们肯"放手"，孩子们就会给你们带来惊喜。

　　孩子们兴奋地说："我们已经用小小的粉笔头，把知道的和想画的农作物都画出来了。可是，奇怪，为什么看起来白白的，好像什么都没有呢？到底要怎么做，才能让我们的作品呈现出来呢？"接下来，他们拿起像梳子一样的工具进行创作——这种创作方式还是头一回尝试。哇，瞬间吸引了所有人的目光。"难道这样一梳，就能变出好多图案吗？"……孩子们的好奇心再也藏不住了，全都写在了他们闪亮的眼眸中。一刷、一按、一压，图案就这么印在了衣服上，小"依霖人"个个都像艺术大师。

■ 在艺术创作后，整个依霖瞬间变成了"世界粮食日"艺术 T 恤作品展览会，处处挂满了孩子们的作品。

■ 一支稻草人小分队现身了，经过废旧衣物和手工材料的精心装扮，它们是否显得更加可爱了呢？

今天我们用艺术创作的方式，让孩子们自由地表达情感与想法。通过这种方式，孩子们收获了爱，感受了美，体验了创作的乐趣。

在各种大型活动中，孩子们除了学习知识外，更在属于他们的"小人世界"里"学做人、学生活、学学习"。

看看这些挂在园内各处的 T 恤，瞧着那些由自己亲手编织的稻草人，孩子们能够感受农田里农民劳动的辛苦和丰收的喜悦，体验兄弟姐妹在一起的那种无私关爱和相互照顾。

同样的主题，不同的伙伴，老三、老二、老大的角色转换，让每个孩子都从懵懂、好奇的模仿者渐渐成长为小老师、小家长、小榜样。当他们遇见艺术，融入依霖"一家人"时，在人生最初的三至四年间，已经在心底悄悄种下了懂善良、懂关爱、爱学习、爱劳动的健康种子。

在与农作物交朋友的过程中，在阅读有关农作物的绘本的过程中，在倾听袁隆平爷爷故事的时候，在不断抛球与接球解决问题的过程中，在"一家人"共同探索、交流互动、实践操作的亲身经历中，孩子们学到很多，懂得很多。在没有围墙的课堂里，在没有说教式灌输的过程中，年复一年快乐地学习着、成长着。在农田里观察、体验，孩子们第一次近距离见到水稻，还发现了传统农具——风车。

除了水稻，还有哪些农作物？

红豆、黄豆是常见的农作物，但它们长在哪儿？变成豆子之前是什么样的？

葫芦是长在藤上的，还有哪些农作物是长在藤上的呢？

到了农田才知道，这里面的秘密可多着呢！

通过与农作物真实的"遇见"，幼儿对各种农作物的外形特征、生长环境有了较为直观的认识，也在各种故事中感知粮食的来之不易。

　　制作一份农作物调查表，用喜欢的方式把认识的农作物记录下来。在实践中不断认知，在调查中深入探索，通过积累一次种植经验与动态观察，逐步感知植物的生长过程，深入了解植物的生长奥秘。

　　农作物还住进了活动室、植物角，住进了依霖小苑的各个角落，孩子们随时都能和它们再"互动"。

　　环境会说话，在前期的认知过程中，孩子们认识了各种农作物，知道通过创意搭配，它们能成为最美的秋季装饰品。而现在，它们走进了我们的幼儿园，我们的班级，只要我想，就能立马了解它们！小科学家要学会在植物角进行观察记录，在观察中发现，在发现中持续探究，在探究中不断成长。这需要孩子们善于观察，用心照料，尝试记录。

　　无论在园还是在家，孩子们都在行动，认真记录植物每一天的变化。除了种植观察，他们还会围绕农作物展开交流与分享。

我们在记录中学会自我管理，通过"光盘行动"记录，养成日日光盘的好习惯。

锄禾日当午，汗滴禾下土。

谁知盘中餐，粒粒皆辛苦。

生活在城市中的我们，拥有便捷的交通、精彩的生活，远离了农耕环境，但食物依旧是我们最根本的需求。每一餐，每粒米，都经历了生命的萌芽和成熟，都饱含了耕种者的情感与心血。"世界粮食日"虽能在一定程度上唤起人们对发展粮食和农业的重视，然而爱粮惜粮、勤俭节约等良好习惯的养成却不是一蹴而就的，将这样的品质和习惯内化于心，需要日积月累地践行。在依霖，日日都是粮食日，由粮食日引发的教育一直渗透于每一日的活动之中。

自"光盘行动"倡议书发起，"光盘行动"计划便在园和在家全面展开，孩子们每日践行，吃多少盛多少，用实际行动爱粮、惜粮。

今天，你光盘了吗？

通过前期粮食日的一系列实践活动，孩子们对粮食的认知已较为深入。在此基础之上，每日践行的"光盘行动"，不仅让孩子们愈发明白其意义，也让光盘不再只是一个指令、一句空话！

依霖以"珍惜一饭一餐，发扬传统美德"为主题的"世界粮食日"系列活动，在大小伙伴的积极参与、共同商议下开展了起来。为让教育真正落地，"依霖人"仍在日常活动中循序渐进地落实与推进这一教育思想，希望这颗感恩、惜粮与节约的小种子在日常的教育中不断吸收养分，未来能开花结果。

微笑相随，问候相伴

• • • • • •

思路

　　"世界问候日"起源于 1973 年 11 月 21 日，最初目的是通过寄发问候信的方式，呼吁、劝告有关领导人放弃军事手段，以和平方式解决分歧。而现如今，"世界问候日"的主题逐渐演变为促进人类相亲相爱。一句简单的问候，一个舒心的笑容，能轻易拉近人与人之间的距离。

　　"你好"，是一句最普通的问候语。

　　－"为什么我们要带着微笑问候别人'你好''早上好'呢？"

　　－"为什么早晨见到家人、老师和同伴都要问候呢？"

　　－"世界上真的有问候日吗？"

　　－"每年的什么时候是'世界问候日'？"

– "'世界问候日'有哪些意义？你问候别人、别人问候你时，是在传达什么信息呢？"

（善意—温暖—友好—和平）

– "我们可以用哪些方式来传递问候的信息呢？"

– "世界上各个国家的人问候的方式都一样吗？不一样的地方在哪里？一样的地方又在哪里？"……

孩子们一连串的问题，需要我们共同解答。

目标

· 让幼儿知道有"世界问候日"，了解"世界问候日"的来历和意义，知道不同国家、不同地区的人们表达问候的方式不同。

· 用一声问候"你好"，传递善意，传递温暖。

实录

孩子们的问题

· 什么是"世界问候日"？中国有问候日吗？

· 谁提出了"世界问候日"？为什么要有这个节日？

· "世界问候日"是从哪个国家来的呢？

· "世界问候日"我们可以做些什么啊？

· 我们中国人见了面会握握手，会说"你好"/"早上好"，外国人和我们一样吗？

· 我们能不能制作问候卡送给小伙伴？

· 我们做笑脸，老师说把嘴角翘起来，这是问候吗？

①　③

②　④

①当戴口罩成为日常　②问候的意义亦显独特　③④孩子们很厉害，不仅提出了许许多多的问题，还把自己提出的问题，用喜欢的方式呈现在了"世界问候日"的专题版面中

　　2020 年新冠疫情蔓延，日常生活中戴口罩成为常态，人与人之间的问候方式也变得不同以往。我们不能经常聚会，不能彼此拥抱，但是，这些不会成为我们彼此问候的阻碍。在戴口罩的日子里，我们一样可以微笑着向生活说"你好"，传递我们的问候，表达彼此的关爱。

　　关于"世界问候日"，孩子们充满了好奇，有许多的疑问。因此，在"世界问候日"系列活动启动时，依霖师生做的第一件事便是展开了关于"世界问候日"的问题收集工作，从一个接一个的问题中，足以看出孩子们浓厚的探究兴趣。

姐姐帮我戴上"一家人"一起自制的口罩，好有爱，很温暖！

戴上口罩后，小脸蛋被遮住了，看不到笑脸，声音也似乎变小了，怎么办呢？那就画个专属的问候口罩吧！

老大、老二、老三选用的材料是不一样的，尽管年龄有别，但他们都会自主选择不同的材料进行创作。在创作过程中，每一个孩子都像专注的设计师。瞧，这些小设计师们多么认真呀！多次的设计经验，让孩子们的创作已然得心应手。

一个个问候日的专属口罩，就这样诞生了。将它们挂起来细细欣赏，便能感受每个"设计师"独特的风格。孩子们戴上自己创作的口罩，相互欣赏。哇，每一个口罩都独一无二！

　　设计一张张充满心意的问候卡牌，能拉近我们的距离，传达问候。嘴角上扬有一股无形的力量，会让我们变得更开心。瞧，小朋友们发挥自己的想象力，用简单的画笔绘制出了各式各样充满趣味的图案，还写上了贴心的问候话语。

任务一：每天一次问候，并用自己喜欢的方式记录下来。

任务二：微笑是最美的语言，在任何时候，都直抵心灵。每天给自己一个微笑吧！

任务三：通过阅读绘本感受微笑的力量。

任务四：尝试当一回"新闻小主播"，为大家解答关于"世界问候日"的问题。

快乐的心情从明亮的眼睛中溢出来了，
你接收到我们的快乐和问候了吗？

　　每年的"世界问候日"，依霖师生都会一起用自己的方式开展问候活动。

　　在活动中，用孩子们能够理解和感受的言行传递温暖和善意，加强人与人之间的联系，增进人与人之间的友谊。

　　在活动中，幼儿用爱、用微笑、用祝福来传达温暖和善意，带着最纯洁的情感，传递着世界上最美好的祝福。

　　"教育非它，乃心灵转向。"所以每年类似这样的节日，依霖的"孩子王"们都会抓住教育契机，和孩子们一起通过创造性的社会实践活动来开展探究学习。

围炉煮茶，慢享童年

●●●●●●

思路

　　教育部在《幼儿园教育指导纲要（试行）》中指出："充分利用社会资源，引导幼儿实际感受祖国文化的丰富与优秀，感受家乡的变化和发展，激发幼儿爱家乡、爱祖国的情感。"中华民族五千年历史孕育出了内容丰富、内涵深厚的传统文化。在幼儿园教育中渗透中华优秀传统文化，将其转化为爱祖国、爱家乡的活动，需要另辟蹊径。

　　此次活动将当今社会流行的围炉煮茶与传统茶文化相融合，为幼儿打造独特的社会性实践氛围。一方面，围炉煮茶作为当下的热门休闲方式，充满仪式感与社交氛围，能激发幼儿兴趣，同时将幼儿秋冬季每日"营养水"小常识融入其中，让幼儿更加关注季节转换中的健康护理；另一方面，从传统茶文化视角来看，茶是中国传统文化瑰宝，承载着丰富的文化内涵与文明礼仪。

　　此次活动旨在让幼儿通过围炉煮茶，亲身感受传统茶文化的魅力，了解茶的历史、种类及制作过程，深刻理解中国茶文化的底蕴。在煮茶、品茶的互动过程中，幼儿能够锻炼语言表达能力与社会交往能力，学会分享与合作。置身浓厚的传统文化氛围，欣赏中国古典音乐，观察茶具与茶宠，能够激发幼儿对中国传统文化的热爱与认同，帮助幼儿了解传统文化在现代生活中的延续与创新，培养其文化传承意识，以及对新鲜事物的接受能力。

目标

　　· 借助围炉煮茶这一活动形式，让幼儿知道茶文化是我国的优秀传统文化之一，沉浸式体验传统茶文化，感受传统文化的魅力。

　　· 为幼儿创造宽松的交往环境，鼓励他们在围炉旁分享食物、交流想法，锻炼主动沟通的能力，学会倾听与回应，从而提升语言表达能力和人际交往能力。

实录

　　围一方天地，生一炉烟火，饮一壶清茶，享受冬日的暖阳，在这个阳光甚好的初冬，依霖小苑的"一家人"围炉煮茶，共赴一场别样的幸福聚会。

　　依霖"一家人"每年为期一周的围炉煮茶活动又要开始了。温馨的品茶环境，鲜美至极的各种食物，引得孩子们翘首企盼，小苑里瞬间充满仪式感。这属于隐形的教育环境吗？

　　你知道，环境会"说话"吗？
　　你知道，它们在说什么悄悄话吗？
　　你知道，"小人世界"会发生什么吗？

初冬的暖阳伴着孩子们的欢笑声，弥漫在通往茶艺廊的路上。此刻的茶艺廊和往常不一样，充满仪式感的围炉煮茶环境创设，瞬间吸引了孩子们的眼球，惊讶声、欢呼声不绝于耳。置身仪式感满满的优质环境，不用老师介绍，孩子们就会发自内心地期盼，积极主动去观察、去体验、去感悟、去互动，甚至迫不及待地融入其中。

　　依霖幼儿园在《"依霖混龄"课程研究》中，积极提倡"让环境说话"的教育理念。教育者真的不需要像个"婆婆嘴"一样，时刻不停地把道理灌输给孩子。很多时候，让孩子们调动自身的感官去认知，远比单纯的言语传授更为有效。以往，似乎老师不在教室空间里说话，教育现象就不存在了。现在看来，过去我们的教育存在一些误区，大多数老师自以为自己是先生，觉得先生就必须说话，否则儿童就不懂。其实不然，幼儿园是社会的一个组成部分，社会、家庭、幼儿园的很多场景都充满着无声的教育——环境在告诉我们，在这里可以做什么，不可以做什么。在教育界有句名言："不言之教，永远是对孩子最好的教育。"

　　怎样营造围炉煮茶的仪式感呢？

　　首先，要创设有助于个性化定制的仪式感。围炉煮茶的参与者是谁？他们喜欢怎样的环境？煮茶时哪些器皿适合他们使用？

在幼儿园的围炉煮茶活动里，环境正在悄悄"说话"。围炉而坐的小空间，桌椅摆放有序，装饰古朴雅致。
这是一个充满温情与趣味的小社会环境，孩子们在这里分享交流、尝试泡茶和友好相处。

其次，围炉煮茶时，中国民俗文化在环境中该如何呈现？围炉煮茶的环境既要契合文化传统、体现文化内容，又要符合儿童的认知特征。当孩子们身处与教育深度融合的环境之中，如何才能让他们真正地学会认知，并且始终保持浓厚的兴趣持续认知呢？这需要对环境进行精心创设。

最后，如何调整儿童原有的认知结构呢？方法必须具备创新性、变化性、多元性与拓展性。"一家人"的家庭成员每年都在变化，给孩子们提供的烤炉等材料也需要更新，要充分利用依霖"笑"园文化中儿童熟知的"我的班级我做主""我们的活动我做主""我自己的事情我做主"等正确的儿童观，尊重他们，让他们在失败中获取经验，在成功中获得自信。依霖儿童独立能干的自主精神就是这样培养起来的。

在依霖课程中的"三学"，即"学做人，学生活，学学习"中，不能仅仅依靠单纯的知识传授，还需要通过这些充满仪式感的环境创设，让孩子在真切的体验里主动探究。这样孩子们不仅能学到书本里的知识，更能懂得如何与人相处、如何管理情绪，在知行合一中塑造健全人格。

孩子们喜欢在茶文化活动中学习泡茶、倒茶的礼仪。

老大对老三说："姐姐给你倒茶。"
老二说："让我自己试试，下次我就可以给弟弟妹妹倒茶了。"
老三说："哥哥小心烫哦！"

混龄"一家人"的活动，在不经意中履行着《3~6岁儿童学习与发展指南》赋予教育者的教书育人的责任。在这样的活动中，不用老师下达指令，儿童就能充分展示他们的互动能力、交流能力、与人友好相处的能力。

老三的"哥哥小心烫哦"既饱含关爱，又包含安全提示，多么温暖啊！
老二的"让我自己试试"体现了主动学习的态度，愿意在确保安全的前提下挑战自身能力，也很好！
身处"大人世界"里的成人看着"小人世界"里的孩子们，会发现他们在"围炉煮茶"这

一件事上就有很多隐性的成长痕迹。泡茶不仅仅是为了喝茶，更是一条"学做人、学生活、学学习"的成长途径。

比如，家里来客人了，为客人泡一杯茶，以示热情礼貌的待客之道。

又比如，大人们有事需要商议，也会找个茶室泡上一壶茶，品茶论事。

再比如，给客人倒茶、敬茶、献茶，均体现了对客人的尊重和礼遇。

另外，喝茶的姿势也很有讲究。怎样端茶，怎样品茶，品茶时的姿势应该是怎样的，都有讲究。喝茶时要静下心来，慢慢品，白茶、红茶、绿茶味道都不一样。

混龄班的茶艺活动中，我们经常看到有趣的一幕，即弟弟妹妹向哥哥姐姐学习的场景。随着活动次数的增多，孩子们自然而然地在喝茶过程中展现出优雅、大气的姿态，也渐渐品出了其中的文化韵味。

依霖小苑的茶文化活动，是属于"一家人"的惬意小时光。

老三说："笑，我会；吃，我会；说声谢谢，我也会。"

老大说："泡茶，倒茶，烤红薯，照顾弟妹，我全会。"

老二说："老大全都会，等我当了老大，我也就自然会啦！"

"一家人"在一起的小日子优哉游哉，幸福满满！

以"荷"之名，共赴"荷"宴

· · · · · ·

思路

　　蝉鸣惊半夏，晴光映荷花。炎炎夏日，观荷赏荷，与荷游戏，品尝荷之美食，无疑是极为惬意的事。生活即教育。夏天，是大自然给予的独特限定。依霖的"孩子王"们巧妙抓住这一生活中的教育契机，通过开展荷花主题绘本阅读、游戏体验、创意设计、美食分享等一系列丰富多彩的荷花主题活动，带着孩子们以"荷"之名，共赴一场盛大而美妙的"荷"之盛宴。

目标

· 通过开展荷花主题的绘本阅读、游戏体验、创意设计、美食分享等活动，帮助幼儿了解荷花各部分的外形特征，以及在饮食文化中的运用，与幼儿一起探究荷的奥秘。

· 在场景布置、美食制作等环节中，提升幼儿的动手操作能力，增强幼儿对美的感受力与欣赏力。

实录

荷，可谓家喻户晓。红色、粉红色、白色、紫色等颜色的花瓣，黄色的花蕊，以及随风摇曳的荷梗，人人喜爱。进入夏天，"荷叶罗裙一色裁，芙蓉向脸两边开"，荷花盛开的地方成了人们镜头下的"网红"打卡点。同时，那些描绘荷的古诗佳句，也成了依霖孩子们朗朗上口的念词。如唐代诗人李商隐的"惟有绿荷红菡萏，卷舒开合任天真"，以及杨万里的"小荷才露尖尖角，早有蜻蜓立上头""接天莲叶无穷碧，映日荷花别样红"等诗句，孩子们都能信手拈来。

微风拂过，荷的清香扑鼻而来。在这酷热难耐的夏日里，依霖的"孩子王"们突发奇想：倘若以"荷"之名，举办一场清爽的夏日荷花盛宴，将会碰撞出怎样的火花呢？"以'荷'之名，共赴'荷'宴"，单听名字就足以让人期待。

活动伊始，孩子们的好奇心被充分激发：有谁认识这朵花？它生长在哪里？它的根、茎、叶、果实、花朵分别是什么样子的？尽管孩子们对荷并不陌生，但深入探究后才发现，荷的身上竟隐藏着那么多奥秘。为了全方位探索荷之秘密，家园共育成了必然选择。于是，一系列精彩纷呈的活动应运而生，包括"荷之绘本""荷之故事""荷之探究""荷之实验""荷之创作"等。

赴荷宴·识荷花

为了让孩子们深入了解荷，依霖"孩子王"们组织孩子们开展了《一颗莲子的生命旅程》绘本阅读活动。还让孩子们与实物荷花、莲蓬、莲子进行了亲密接触。孩子们兴致勃勃，他们仔细触摸、认真观察、尽情嗅闻，全身心投入到探究荷之秘密的活动之中。

经过一番探索，孩子们了解到，荷属于莲科莲属植物，是多年生水生草本植物。其地下茎又长又肥厚，还有长节，叶子呈盾状圆形；原来，荷花就是莲花，花色丰富，有红、粉红、白、紫等颜色；莲的果实是坚果，形状呈椭圆形或卵形。而且，莲一直以来都被赋予"出淤泥而不染，濯清涟而不妖""中通外直，不蔓不枝"的高尚品质，从古至今深受人们赞誉。

剥莲子·知莲心

　　莲子生长在莲花中心部位的花托之中,这个花托被称作莲蓬,呈青绿色。仔细看,莲蓬上布满了许多蜂窝状的孔洞,每个孔洞里都藏着一颗青褐色的坚果。剥去坚果的外皮,便能看到里面白色的种子,这就是莲子啦。莲子通体洁白,形状为卵形。只有动手将莲子从莲蓬中剥出,才能直观地看到新鲜莲子的模样。凑近轻嗅,莲子散发着的淡淡清香便萦绕在鼻尖。放入口中品尝,莲子口感脆脆的,只是当吃到中间那绿绿的莲心时,会感到一丝苦味。

种碗莲·知成长

　　在与荷花互动的过程中，孩子们对"荷之家族"越发感兴趣，他们说："光是看一看、摸一摸、吃一吃还不够，我们要自己种。"于是，他们兴高采烈地开始尝试种植碗莲。

　　瞧，"一家人"小心翼翼地将碗莲放入盆中，按照说明书添加营养液，老大负责尝试调配水和营养液的比例。老三问道："这么热的天，它会长大吗？"老二接着问："它会发芽吗？会长出嫩叶，开出美丽的花吗？"老大回答："我也是第一次种，也不知道，但我们可以试试。"
　　哈哈，见证奇迹的时刻到了！

　　碗莲的种子在碗中一天天舒展、变化，长势良好。见证碗莲生长的孩子们常常目不转睛地盯着碗中的嫩芽，小脸上满是喜悦。他们兴奋地讨论着："我们种的碗莲会用在荷花宴的哪一部分呢？"

玩荷叶·辨叶面

　　哇，好多荷叶！孩子们极其兴奋。还没有等老师抛"球"，孩子们就迫不及待地接"球"了："荷叶很漂亮，大大的，像一把伞，可以为我们遮风挡雨。""荷叶像一顶帽子，可以遮住火辣辣的太阳，让我们凉快一些。""水倒在荷叶上不会消失，会化成圆滚滚的水滴，在荷叶上滚来滚去，像在跳舞一样，很好玩。"不用老师组织，孩子们就自己玩起"荷叶运水"的游戏了。他们小心翼翼地把水滴从一片荷叶传到另一片荷叶，欢笑声中尽显孩子们的天真可爱！

玩荷梗·吹泡泡

　　荷叶梗（荷叶的叶柄），有着藕梗、荷秆等亲切的别称。它整体呈圆柱形，内部构造独特，布满了密密麻麻、大小不一的孔道。这些孔道主要用于通气，也可辅助运输水分和养分。

　　幼儿天生就怀着强烈的好奇心与探索欲，当他们遇到荷叶梗这样新鲜又陌生的事物时，这种天性就毫无保留地展露了出来。孩子们通过仔细观察与尝试，惊喜地发现荷叶梗是空心的，像吸管。也正因如此，荷叶梗不仅能够吸水、通气，还被孩子们意外解锁了吹泡泡的新玩法。就这样，用荷叶梗吹泡泡成了孩子们独具创意的新奇发现。看，他们兴致勃勃地用荷叶梗吹着泡泡，欢声笑语在教室中回荡。孩子们沉浸在这欢乐无比的新奇体验里，玩得不亦乐乎。

赴荷宴·创环境

　　既然要去赴荷花宴，自然不能空着手去。孩子们纷纷用自己灵巧的小手，提前开始为荷花宴布置环境。在这个过程中，"一家人"齐心协力，制作了荷花、荷叶、莲蓬、荷花扇、荷花伞、莲藕桌布等。当所有作品完成时，孩子们的心中满是自豪感与成功的喜悦，仿佛在这场荷宴环境创设中收获了无尽的宝藏。

　　在依霖小苑，一朵荷花悄然绽放，绚烂了整个夏天。依霖孩子们与荷花相约，就此开启了别开生面的"荷之一家"探究活动。他们以荷花为灵感源泉，以"荷"为诗，低吟浅诵，将心中对荷花的赞美融入诗句；以"荷"为画，挥毫泼墨，将心中对荷花的喜爱凝于笔尖；以"荷"为创，动手制作，用创意赋予荷花别样的呈现形式；以"荷"为歌，哼唱荷之歌谣，用灵动的音符表达对荷花的喜爱；以"荷"为戏，在嬉戏玩闹中，尽享与荷花相伴的欢乐；以"荷"为字，探寻"荷"字的奥秘，感受汉字与荷花文化的交融；以"荷"为阅，沉浸于荷花主题绘本阅读，拓宽对荷花的认知。在一系列趣味盎然的"荷之一家"探究活动后，一场充满氛围感与仪式感的荷花盛宴如期而至。

赴荷宴·荷小厨

荷花宴上，孩子们化身荷花宴的小小厨，亲自动手打造一道道与荷之家族相关的菜品摆台，真正做到了"自己的荷花宴，自己做主"。

所有摆台菜品均以莲藕为主角，运用染色、配菜，以及卷、切、包等多样技法精心制作而成。活动巧妙地将教育融入趣味体验之中，让孩子们在"玩中学，学中玩"，通过亲手操作，直观感受到莲藕的独特味道，了解其丰富的营养价值，从而自然而然地萌发出对莲藕的喜爱之情。

那么，小小厨们都做了哪些荷之菜品呢？

第一道菜，"胭脂蜜藕 · 甜心"。瞧！经过孩子们一番精心加工，原本普普通通的莲藕，摇身一变，变得艳丽夺目。你或许会被这鲜艳的色泽吓一跳，但别担心。这背后藏着孩子们在实践过程中探究出的小秘密：用新鲜水果汁，就能给薄薄的藕片披上一件美美的"胭脂衫"。

胭脂蜜藕

绿豆遇荷藕

莲藕遇百合

第二道菜，"绿豆遇荷藕 · 又莲蓬"。仔细观察，荷藕上分布的洞洞，是不是和莲蓬的外形极为相似？在制作这道菜时，孩子们让绿豆充当莲子，把它们填充进荷藕的孔洞中。经过这样巧妙的加工，荷藕瞬间变成了一个个小巧玲珑的莲蓬。

别看孩子们年纪小，这些充满创意的新花样，可都是出自小小厨们之手哟！

第三道菜，"莲藕遇百合 · 秒变金色"。看，这道菜色彩丰富，融合了青色、黄色与白色，层次分明，极具视觉冲击力。凑近轻嗅，淡雅的清香萦绕鼻尖，让人食欲大增。在摆盘过程中，只要稍微调整莲藕与百合的摆放位置，菜品的形态就会发生奇妙变化。

虽说这摆盘有一定难度，却充满了挑战的乐趣，小小厨们沉浸其中，完成摆盘后仍意犹未尽。

苦瓜遇莲藕

第四道菜，"苦瓜遇莲藕·虾配"。在这道菜的创作过程中，小小厨们围绕莲藕和苦瓜尽情发挥创意，玩得不亦乐乎。大家不满足于常规做法，不断推陈出新，为荷之家族美食体验注入新活力。

在动手实践的过程中，小小厨们对荷之家族的食材有了更深的认识，关于荷花、莲藕的知识储备又丰富了不少，收获满满。

赴荷宴·品荷菜

荷花宴正式开始了，小朋友们有的以"一家人"为单位同行，有的则三两结伴而行，穿梭于荷花宴主会场和各个分会场之间，品尝荷宴菜品。在"藕"的菜品专区，孩子们亲身体验到了"藕断丝连"的奇妙现象。"快看！藕断了，可丝还连着呢！""我的也是，这藕丝越拉越长啦！""藕丝怎么拉都拉不断，这是为什么呀？"孩子们充满好奇，迫切地想了解这一植物界的自然奥秘。此区的负责老师一边为孩子们的发现竖起了拇指，一边给孩子们科普：莲藕内部有一种神奇的结构叫导管壁，呈螺旋状排列，如同精密的运输管道，承担着输送水和养料的重任。每当莲藕被掰断时，导管壁就像拉伸的弹簧，被不断拉长，进而形成了细长的藕丝。这些藕丝虽然看起来纤细柔弱，但实际上非常坚韧，不易断裂。

依霖娃娃们惬意地聚餐，自由享受美食，想吃什么，便自行取用。

三两伙伴，时而这边逛逛，时而那边吃吃，时而听各餐区老师普及荷的小常识，时而和兄弟姐妹一起干个杯，看到了自己摆盘的美食，还不忘得意扬扬地向同伴介绍介绍。孩子们对荷花宴的喜爱，都体现在这一个个生动的小表情与互动之中。

赴荷宴·T台秀

在荷花宴的 T 台上，一场自带仙气的奇妙走秀就此开启。瞧，一群可爱的孩子们身着古风服饰，登上了由他们与老师共同搭建的 T 台，飘逸的裙裾，仿佛带着千年的古韵，将他们衬托得高雅脱俗。不同年龄段的孩子们迈着稚嫩又自信的步伐行走在 T 台上，清爽的装扮和灵动的神态，让人恍若看到荷花仙子在荷间嬉戏，他们的每一次亮相、每一个转身，都散发着独特的魅力。"泉眼无声惜细流，树阴照水爱晴柔。小荷才露尖尖角，早有蜻蜓立上头。"孩子们轻轻吟诵那经典的荷韵诗篇从他们唇间流淌而出。空灵的童声，仿佛穿越千年而来，在荷花宴 T 台秀的现场回荡。古风服饰与荷花宴的布置相得益彰，浓浓的氛围感扑面而来。这场走秀，不仅仅是一次视觉的盛宴，更是文化与自然的交融，在荷香与诗韵中，孩子们绽放出独特的美。

日常教学中，我们常常习惯于遵循既定的教学内容，以单一维度进行知识传授，很容易忽视"生活即教育，自然即教育，社会即教育"所蕴含的丰富且交叉的融合性。对于幼儿身边的事物，以及那些新兴事物，我们常常视而不见，让美好的教育契机悄然溜走，实在令人惋惜。

教师的劳动特征在于创造。正如人们常说的那样，世界上唯一不变的就是变化本身。时代在变迁，河流山川的模样也在不断改变，世间万物都在发生着日新月异的变化。在这样的大环境下，教师随机应变的能力显得尤为重要。

"创新"已然成为教师职业生涯的关键词，教学内容自然也应随之更新与变革。依霖"笑"园文化中有一句话："要给孩子一滴水，教师必须具备一桶与时俱进的活水。"而"以'荷'之名，共赴'荷'宴"这一活动，正是依霖教师们对"毕竟西湖六月中，风光不与四时同"这

一创新意境的生动展现。

夏日共赴荷花盛宴，参与其中的我们收获了满满的快乐。幼儿的身影穿梭在荷花宴的主会场和分会场之间，荷宴餐区弥漫着美食的诱人香气，他们惬意地品尝着喜爱的食物，随后自由地在依霖小苑的各个安全角落探究。在依霖小苑的上空，是孩子们清脆的笑声，是孩子们稚嫩的童声，望着这一幅幅温馨的画面，我们感受到了生活最纯粹的美好。

这场荷花盛宴，无疑是依霖"孩子王"们对教师劳动"创造"特性最生动、最全面的诠释。他们凭借无限的创意与热忱，为孩子们打造了这场紧跟时代步伐、充满惊喜和创意的荷花盛宴，拓展了孩子们的视野，让孩子们对创新与创造的内涵有了更深刻的理解。

「跟着时代变化的节奏」和「跟随孩子发展需求的脚步」教育思想，将「动态式」「变化着」的运动构思付诸实践。

「教师要给孩子一滴水，自己要有一桶与时俱进的「活」泉水。」

让孩子们在真实的世界中主动经历、积极探索。

小脚丫动起来

Diary of Yilin Courtyard

奔跑吧，依霖娃

"六一"运动主题活动——我们的节日我做主

思路

运动传递健康，健康成就快乐。在幼儿园里，运动主题也是孩子们喜爱的活动类型之一。在"六一"国际儿童节来临之际，我们结合孩子们最喜爱的运动主题开展活动，通过"浸透式"的环境，让孩子们不断感知和体验运动中蕴含的坚韧和勇敢的态度，以及坚持与努力拼搏的精神，让这种态度和精神潜移默化地助力孩子们形成直观认知，养成自信、勇敢与坚毅等良好品质。

活动通过"童"心协力（团队战）和"动"力无限（个人战）两种模式，鼓励不同年龄段的孩子积极参与团体项目与个人趣味运动游戏项目，发扬不怕苦、不怕累、团结协作、挑战自我、勇于拼搏的运动精神。

目标

· 培养幼儿坚韧和勇敢的态度，以及坚持与努力拼搏的精神，通过"浸透式"的环境让幼儿不断感知和体验，从而获得直观认知，帮助其养成自信、勇敢与坚毅等良好品质。

· 鼓励幼儿参与各项运动游戏，发扬不怕苦、不怕累、团结协作、挑战自我、勇于拼搏的运动精神。

· 让幼儿感受"六一"国际儿童节的欢乐与喜悦，体验和小伙伴共同过节的快乐。

"勇敢者道路"我们通关成功啦,儿童节的快乐与成就感双倍加满!

实录

"童"心协力（团队战）

在各教研组长的组织下，孩子们拉开了"奔跑吧，依霖娃"——"六一"运动主题活动之"童"心协力（团队战）的序幕。活动以跳绳、多样接力、障碍运球、极速投篮、协力车等形式进行，一场别开生面的团队竞技赛正在上演！

我们决定先进行一场选拔赛，让孩子们先自荐和相互推荐，再一起投票表决，最终选定小选手代表团队。代表班级参加竞技的小选手们，为了团队的荣誉，努力拼搏！

场边的啦啦队员们也不甘示弱，卖力地叫喊着，既紧张又激动。"加油，加油呀！"

欢呼声此起彼伏！团队精神已经悄悄根植于幼儿心底，当团队获得荣誉时，他们情不自禁地欢呼雀跃。参赛代表们被他们视为心目中的"英雄"。小"英雄"们帮助团队赢得了比赛，团队获得了"六一"欢乐自助餐的大礼包。这些通过共同努力获得的小零食，似乎特别美味。

"六一"是孩子们的"六一"，他们是节日的主人，理应尽情欢乐。孩子们自行讨论、交流，确定了比赛流程和规则。他们兴奋地比划着，一张张小脸上洋溢着幸福的笑容。

	①	②
③		⑤
④		

① 萌宝啦啦队

② 童趣跳绳赛

③ 极限投篮秀

④ 多样接力赛

⑤ 趣味协力车

"动"力无限（个人战）

经过师生共同讨论，个人战设置了 19 个运动游戏点，幼儿可以自由结伴穿梭于幼儿园内的各运动游戏场地，积极挑战自我。

跨越乐翻天中见真功，我起飞。"一、二、三，跳！"小朋友们在操场上玩跨越游戏，活力满满。只见孩子们站在起点，眼睛紧紧盯着前方的障碍物，那是几个摆放成一列的高矮跨栏。他们深吸一口气，像一只只蓄势待发的小鹿，双腿弯曲，猛地向前一冲。跑到障碍物前，他们高高跃起，双脚在空中划过一道漂亮的弧线，轻松越过，落地时有的还打了个趔趄，但很快稳住重心，脸上绽放出胜利的笑容。旁边的小伙伴们纷纷为挑战中的孩子们鼓掌，有的还兴奋地跳起来大喊："哇，你好厉害啊！"在这小小的跨越游戏里，孩子们爽朗的笑声和勇敢尝试的身影，成了全场关注的焦点。

"不倒翁"道路中见勇气，我坚定。操场的另一边，一场别开生面的冒险游戏正在进行，孩子们迎来了和平衡玩具乌龟壳的欢乐时光。瞧，探险小队员们站在乌龟壳上，眼神中满是坚定，他们身体微微下蹲，试图找到最佳的平衡姿势，小心翼翼地迈出每一步。乌龟壳随着小队员们的动作轻轻晃动，他们的小脸瞬间紧绷，眼神中透露着紧张，但脚步却没有停下。

平衡游穿越火线中勇于挑战，我不怕。在孩子们平日里最喜爱的场地上，一场紧张刺激的"穿越火线"游戏正在大型玩具及轮

胎楼梯组合中火热开展。小朋友们个个精神抖擞，化身勇敢的小战士。他们时而弓着腰在大型玩具上挑战绳索通关，时而灵活地穿梭在轮胎阵中，眼睛警惕地观察着四周，仿佛随时会有"敌人"出现。轮胎之间的间隙对他们来说不算什么，只见他们左一闪右一躲，动作敏捷得就像小猴子。好不容易闯过轮胎阵，还有楼梯，他们手脚并用，快速向上攀爬，嘴里还念念有词："加油，马上就到了！"每个孩子都在各自的"战场"上奋力"战斗"。有的在大型玩具攀岩墙上绊了一下，却迅速调整姿势继续向上；有的在蹦床边稍作休息，就又鼓足干劲冲向终点。整个火线战场回荡着孩子们的欢声笑语和此起彼伏的加油声，这场"穿越火线"游戏，让他们尽情地释放着活力与勇气。

沙滩排球中初相识，我欢喜。在幼儿园那片金黄的沙地上，一场童趣满满的沙滩排球赛正在火热进行着。小队员们分成两队，兴奋地站在沙地两边。有的高高跳起，用力将手中的排球抛向空中，接着猛地一挥手臂，"砰"的一声，排球如炮弹般飞向对方场地。有的毫不畏惧，眼睛紧紧盯着排球，学着专业沙滩排球运动员的模样蹲下身子，双手稳稳地将球垫起，排球又高高弹起。一旁的小观众们也没闲着，组成了啦啦队，他们挥舞着小手，扯着嗓子大喊："加油！加油！"声音清脆响亮，回荡在沙地上空。尽管我们的沙滩排球比赛并不专业，但整个沙地充满了紧张而激烈的比赛氛围。小小的沙滩排球，承载着孩子们无尽的欢乐与蓬勃的活力。

　　报纸球中寻奥秘，我开心。沙滩排球赛精彩纷呈，报纸球比赛也别具魅力，你瞧，妙趣横生的踢报纸球进圈大赛拉开了帷幕。小朋友们个个摩拳擦掌，眼睛亮晶晶地盯着地上的报纸球和呼啦圈。比赛开始，有的孩子深吸一口气，弯下腰，眼睛锁定目标，抬起右脚，猛地发力，报纸球像箭一样飞了出去。可惜，球擦着呼啦圈边缘，"咕噜咕噜"滚到了一边。有的孩子不慌不忙，先在原地活动了一下腿脚，然后轻轻跑向报纸球，小心翼翼地控制着脚的力度，用脚尖轻轻一挑，球稳稳滚进了呼啦圈。小小的报纸球，在孩子们的脚下开启了一段奇妙又欢乐的冒险之旅。

动室里，一场趣味十足的投掷游戏正热闹上演。小朋友们两两一组，手中紧紧握着色彩鲜艳的雌雄搭扣投掷球，兴奋得小脸蛋红扑扑的。他们的眼睛紧紧盯着前方靶心，微微踮起脚尖，手臂向后拉伸，然后用力一挥，手中的雌雄搭扣投掷球"嗖"地飞了出去，在空中划过一道美丽的弧线，稳稳地粘在了靶心的内圈，他们兴奋得手舞足蹈："哈哈，我的球在内圈，我成功啦！"每次投完，他

　　飞速滑板玩法多，我快乐。除了洒满阳光的操场上有各类运动游戏，走廊也成了孩子们运动游戏的宝地。瞧，一群可爱的小朋友正围着滑板，开启他们的欢乐探索之旅。孩子们为过关竭尽全力，尝试各种方法，用他们的智慧挑战滑板的多种玩法。有的站在滑板上，身体微微前倾，双手在空中轻轻摆动保持平衡，像一只勇敢的小企鹅，小心翼翼又坚定地向前滑行；有的趴在滑板上，两只小手放在滑板的前端保持平衡，就像勇敢的小探险家趴在自己专属的飞毯上，用脚轻蹬地面，滑板便缓缓向前滑动起来；还有的倒坐在滑板上，双手撑在滑板左右边缘的地面上，用两只脚试探着蹬地，滑板就像被施了魔法，慢悠悠地向前滑去。滑板在孩子们的奇思妙想里，成了无所不能的神奇道具，陪伴他们度过这充满欢笑与惊喜的美好时光。

　　投投乐中显身手，我喜欢。在明亮的活

们还都要凑近看看，谁的球离中心圈更近一些……这一天，室内的加油声、欢呼声此起彼伏。有的小朋友因为投中目标激动得又蹦又跳，有的则和小伙伴们讨论着投掷的技巧，小小的活动室充满了欢声笑语。这场有趣的投掷游戏，不仅仅锻炼了孩子们的手眼协调能力，更让他们收获了满满的快乐和友谊。

快乐小推车中看默契，我们会合作。"快乐小推车"接力游戏也如火如荼地进行着，小朋友们两两一组，分工明确，面对面而立，开启了充满趣味的挑战。每组站在起点的孩子弯下腰，双手稳稳地扣住篮球，将它架在一个三角锥上，篮球随着他们的动作微微晃动，他们屏气敛息，额头上渗出细密汗珠，努力让篮球保持平衡。随着老师一声令下，他们出发了，在稳步前进的同时不忘努力控制着身体，确保篮球不滑落。队友则在他们的对面紧紧地盯着，准备随时接车……在小推车运送、交接的默契中，孩子们收获了快乐，也懂得了团结协作的意义。

在这充满活力的运动游戏里，处处都能瞧见温馨的画面，彰显着混龄家庭深厚的兄弟姐妹情。年纪稍大的孩子，会主动照顾年幼的小伙伴：在跨越游戏时，耐心地拉着弟弟妹妹的手，教他们如何抬腿、落脚，稳稳地跨过障碍；沙滩排球赛结束时，细心地帮弟弟妹妹脱掉鞋子，清理鞋袜中的沙粒，再帮其轻轻穿上鞋袜，动作轻柔又熟练，暖暖的照顾与呵护，尽显老大们的责任担当。而在玩"穿越火线"游戏时，混龄"一家人"自然而然地手牵手，一个个"小家庭"的温暖感扑面而来。蹦床上弟弟妹妹不敢前行，哥哥姐姐会紧紧护在他们左右，遇到困难，没有丝毫抱怨，有的只是互相鼓励、彼此信任。在各个游戏场景中，孩子们都形影不离，哥哥姐姐的关怀，弟弟妹妹的信赖，交织在每一个瞬间，这浓浓的情谊，如同春日暖阳，照亮了他们的童年。

运动游戏结束后，幼儿园的休息区一下子热闹了起来。孩子们脸蛋红扑扑的，额头上还挂着汗珠，却顾不上擦，纷纷围在一起，迫不及待地数起自己积攒的贴纸。"1、2、3……"孩子们纤细的手指灵活地点着身上的贴纸，小心翼翼地数着，时不时和小伙伴核对数量，发现自己比同伴多出一张时，嘴角忍不住上扬，露出得意的笑容。

确认好数量后，孩子们手拉手，排着队，自信地找老师兑奖。得到奖品的那一刻，他们欢呼雀跃，小脸上洋溢着满足与自豪。

在这充满欢声笑语的时光里，孩子们勇敢跨越重重障碍：在平衡木上，踏出稳健步伐，"穿越火线"时，尽显专注神情；沙滩排球场上，活力四射；智慧运沙游戏中，展现奇思妙想；报纸球游戏里，解锁各式玩法；飞速滑板之上，风驰电掣；投投乐项目中，精准挑战；快乐小推车游戏里，默契协作；"齐心协力"游戏中，手牵手、肩并肩，共同克服困难，小小的身躯里爆发出大大的能量……每一场游戏都倾注了孩子们的热情与专注，每一项游戏都让孩子们全身心投入，沉浸在无尽欢乐中。这场属于孩子们自己的"六一"运动盛会，是他们童年中一段闪闪发光的记忆，让他们在快乐中锻炼，在锻炼中成长，在成长中收获了珍贵的友谊与难忘的体验，为他们的童年绘就了一幅幅绚丽多彩的画面，也一定会成为他们成长道路上熠熠生辉的美好回忆。

奖品拿到，小手相叠，这是属于孩子们的快乐时刻。

"篮球·嘉年华"

依霖第八届亲子运动会

思路

· 如何理解学龄前幼儿健康与运动的关系？

· 如何注重学龄前幼儿健康、运动与情绪的链接？

· 如何检验学龄前幼儿运动指标与综合运动发展的能力？

· 如何在运动中渗透规则和安全意识？

幼儿期是运动能力培养的关键期。体育锻炼不仅可以增强幼儿体质，而且可以培养幼儿的自信心、团队精神和竞争意识，深受幼儿喜爱。

春暖花开的 4 月，我们即将迎来依霖第八届亲子运动会。这次运动会，我们以"篮球·嘉年华"为主题，融合家园力量，让所有"依霖人"都积极参与其中。热爱运动是健康，参与其中是快乐，家园合作是幸福，亲子陪伴是成长。

目标

· 让幼儿通过趣味篮球活动，体验运动的快乐，增强对篮球运动的兴趣。

· 通过体育活动，培养幼儿与父母或同伴共同克服困难、夺取胜利的精神。

· 增强团队的凝聚力、向心力、归属感，培养亲子感情。

快看呀！和篮球一起舞动的孩子们风采飞扬，每个动作都活力满满，像踩着欢快节奏的小太阳，把球场都照亮啦！

实录

　　阳光洒满依霖幼儿园的操场，热闹非凡。第八届趣味篮球亲子运动会，在大小运动员的期待中拉开了序幕。瞧，小小运动员们脸上洋溢着灿烂的笑容整装待发，对即将开始的篮球运动会充满了无限的期待。

　　伴随着《运动员进行曲》，小运动员们迈着松弛又有力的步伐，喊着响亮的班级口号入场啦！身姿挺拔的他们，雄赳赳气昂昂，每一个都很神气。第一次登上运动场的弟弟妹妹学着哥哥姐姐的样子，也毫不怯场……此时的依霖小苑操场上处处洋溢着活力与热情。

　　紧随其后的是升旗手，他们穿着整洁的校服，手捧鲜艳的五星红旗，昂首挺胸，踏着整齐的步伐，眼神里满是坚定，灿烂的笑容里写满了他们对祖国的热爱。一场庄严又神圣的升旗仪式，在孩子们的主持下开始了。在激昂的国歌声中，升旗手将国旗缓缓升起。全体师生面向国旗行注目礼，小朋友们稚嫩的声音唱响国歌，清脆而响亮。在国旗的映照下，孩子们的眼神充满了崇敬与自豪，充满了对祖国的热爱和对未来的憧憬，运动会也正式拉开了帷幕。

　　在篮球操的高潮部分，孩子们整齐地变换队形，组成可爱的图案，引得周围的老师和家长们纷纷拿出手机拍照，掌声、欢呼声此起彼伏。这场篮球操展示，是孩子成长的小小印记，满是纯真与活力。

　　在洒满阳光的操场上，一场别开生面的篮球炫技秀火热开场。依霖娃身着篮球服，脚蹬轻便运动鞋，人手抱着一个"大大"的篮球，满脸写着兴奋与期待，迫不及待地想要大展身手。

　　动感的音乐声响起，节奏催人奋进，跳跃的音符荡人心弦，小朋友们瞬间进入状态：整齐单手拍球、双手拍球、拍双球，小小的手掌快速起落，篮球在地面上有节奏地跳动，发出"砰砰"声响，就像奏响一曲活力四射的打击乐。还有双手交替拍，篮球在他们手中左右游走，仿佛被一根无形的线牵引着，动作娴熟流畅，让人很难相信这出自幼儿园小朋友之手。

　　更让人惊叹的是，几个小朋友两两一组，开启了合作拍球模式。他们眼神专注，互相配合，跟着音乐的节奏，交换手中的篮球，篮球在两人之间平稳交替传递，默契十足。

　　篮球秀进入高潮，孩子们还玩起了多人交替拍球。他们围成一个大大的圆圈，篮球在他们手中飞速传递，小小的身影随着球的轨迹灵活转动，现场洋溢着欢声笑语。这场篮球秀，充分展现了小运动员们的天真活泼与无限潜力，让在场的每一位观众都感受到了满满的童真与活力。

　　孩子们在亲子搏击操中感受着爸爸的力量，爸爸们神采奕奕，似乎也要为接下来的篮球赛做好热身准备，在欢快的音乐声中，整个依霖小苑仿佛变成了欢乐的海洋。

　　妈妈们带来了活力四射的啦啦操，瞧，那欢快的音乐、矫健的步伐和整齐的舞姿，无不彰显着妈妈们的无限魅力！这加油啦啦操，可真给力呀！

　　爸爸们 5V5 篮球友谊对抗赛精彩无比，比赛中大家奋力拼抢，运球、断球、传球、投篮，你来我往，展开了激烈的争夺，为现场的家长和孩子们献上了一场精彩的比赛，也赢得了阵阵的掌声和呐喊声。

　　哇，这也太专业了，孩子们的加油声此起彼伏。此刻球场上的爸爸们光彩熠熠，不仅为孩子们呈现了一场非常精彩的篮球赛，还为孩子们树立了榜样。

拔河比赛正式开始，家长们脸上洋溢着喜悦的笑容，精神抖擞地走进赛场，排好了阵势，个个摩拳擦掌。当比赛开始的哨声响起，各班爸爸们全都紧握绳子，铆足了劲儿将绳子向后拉，使得整个场面异常激烈。

比赛过程中，参赛的爸爸们人人努力拼搏，妈妈们、孩子们等啦啦队员个个热情高涨，每个人都恨不得抓起绳子跟选手一齐努力。现场啦啦队员的加油助威给比赛增添了一抹亮色，每一声呐喊都带来了一股力量！

此次拔河比赛，充分展现了家长团结合作和坚韧不拔的精神。尤其是在胜负难分的时刻，大家毫不退却，咬紧牙关，坚持到底，让孩子们感受到了团队合作和顽强拼搏的精神。

我运动，我健康，我快乐

蹦蹦跳跳身体强，动起来，最闪亮

抱宝冲：爸爸抱紧我呀！我们要当第一"小火箭"，"咻"地一下冲过终点线！

骑大马：骑在爸爸的背上"驾驾驾——"我是威风小骑士！

运西瓜：我们抬着"大西瓜"摇摇晃晃走，掉了西瓜就要"咕噜噜"滚回起跑线啦！

捡芝麻：地上的"小芝麻"快快捡起来！我是厉害的蚂蚁搬运工。

抬轿子：爸爸妈妈的手搭成"小轿子"，我坐在里面晃呀晃，真幸福呀！

　　游戏运动场上热闹非凡，骑大马、亲子接力、抬轿子、障碍运球等近 20 个亲子运动项目，把幼儿园变成了欢乐的海洋。

　　击掌声、欢呼声响彻整个幼儿园。家长和孩子们以饱满的热情投入到各个亲子游戏环节，在大家的共同努力下，完成了一项项有趣的亲子运动游戏。

　　依霖第八届亲子运动会——"篮球·嘉年华"，促进了幼儿身心健康、和谐发展，有效地培养了孩子们与伙伴（父母或同伴）共同克服困难取得胜利的精神，增进了亲子感情，让孩子们在运动中锻炼了体格，在游戏中感受到了幸福快乐，在关爱中体会到了亲情和友情的珍贵……大小朋友们在相互陪伴的趣味篮球活动中遇见了最美小时光。

"趣"享运动，"童"样精彩

依霖第九届亲子运动会"以爱相伴"亲子健康跑

思路

运动可以锻炼身体、增强体质，同时也能愉悦心情，培养坚强勇敢的品质，让人收获健康与自信。

教育部《3~6岁儿童学习与发展指南》（以下简称《指南》）中明确指出："幼儿园需要有丰富的体育运动生活，加强幼儿户外活动，培养幼儿积极参加体育锻炼的积极性，并提高其对环境适应能力。"《指南》在健康领域中还重点提出，要培养幼儿的"力量和耐力"，幼儿期是身体动作发展关键期，应为幼儿创设良好的运动环境和条件，使幼儿在多种形式的体育活动中发展身体的灵敏与协调性，培养幼儿专注、坚持、合作、不怕困难、勇敢等良好品质，从而增强幼儿体质，提升幼儿运动能力，磨炼幼儿意志。

在春暖花开的5月，依霖将"以爱相伴"作为第九届亲子运动会的核心思想，围绕"'趣'享运动，'童'样精彩'亲子健康跑"主题，建构家园共育情感桥梁，营造户外运动大手牵小手一起跑的环境氛围，浸透积极向上、勇于拼搏的体育精神。通过真实情境中的运动活动，让幼儿感知运动可以有多种形式，体验与爸爸妈妈一起奔跑的快乐，增进亲子感情。在众多家长的陪伴下，孩子们不仅能感受到父母的爱与榜样的力量，还能提升自身的运动能力与兴趣，进一步培养自信、勇敢、坚持不懈等优秀品质。

开跑啦，爸爸妈妈可要跟紧我，别掉队，跑到终点就能拿到亮晶晶的奖牌啦！

目标

· 让幼儿感知运动形式的多样性，体验亲子奔跑的快乐，增进亲子间的感情。

· 让幼儿在爸爸妈妈的陪伴下参与各项运动游戏，感受父母的爱，体验榜样的力量。

· 让幼儿在增强体质和提升运动兴趣的同时，逐渐养成自信乐观、勇于挑战、坚持不懈等良好品质。

实录

我们的问题

- 什么样的运动会能够突破过去的传统模式？

- 孩子的运动会是日常单一游戏的组合吗？

- 亲子运动会只是让"家庭孩子王"当旁观者，见证孩子学会了一些什么吗？

- 什么样的运动会能激发起孩子与"家庭孩子王"的共鸣呢？

- 运动会如何冲破幼儿园这道围墙，走进更广阔的大自然呢？

面对很多很多类似的问题，近 20 年来"依霖人"始终秉持"跟着时代变化的节奏"和"跟随孩子发展需求的脚步"教育思想，将"动态式""变化着"的运动会构思付诸实践，正如依霖"笑"园文化中所说："教师要给孩子一滴水，自己要有一桶与时俱进的'活'泉水。"

听说又要举行新一届依霖"'小不点儿'亲子运动会"了，孩子们特别激动，"家庭孩子王"们也很兴奋。大家纷纷来问："今年的运动会是什么主题呀？""在什么地方进行？""运动会什么开始？"……在大家的问询和期盼中，第九届"'趣'享运动，'童'样精彩"亲子健康跑运动会正式拉开帷幕。

这届亲子运动会打破了以往严肃、紧张的赛场氛围。我们走出了园门，走进了大自然，以轻松、陪伴为主线，鼓励孩子与爸爸妈妈携手完成公园环形步道 2km 健康跑。这一路上，我们目睹了许多感人的瞬间，从

我是中国人，祖国在我心中，五星红旗在我心中。

家长眼光里我们能够读出满满的、掩饰不住的欣慰，从孩子眼睛里我们能读出与自己最亲近、最佩服的爸爸妈妈同台竞技的喜悦。

大小运动员宣誓：团结友爱，勇于拼搏，坚强勇敢，不骄不躁，遵守规则，快乐运动，我运动，我健康，我快乐！

运动员宣誓结束，主持人宣布：依霖第九届"'趣'享运动，'童'样精彩"亲子健

康跑运动会正式开始。升国旗，奏国歌！

小小运动员们面对国旗，整齐地呼喊："我是中国人，祖国在我心中，五星红旗在我心中。"这一瞬间，"家庭孩子王"们感受着孩子们坚定而有力量的歌声，他们的情绪也被带动了起来，学着孩子们把手放在胸前。这神圣的一刻，他们深受震撼，泪水模糊了双眼，自豪地说："我是中国人，祖国在我心中，五星红旗在我心中。"

大小运动员好厉害，跑得很积极，加油，跑起来，冲呀！

来到起跑线，所有运动员齐声倒计时"10、9、8 …… 3、2、1"，发令枪响起，大小运动员即刻冲出起跑线，赛道瞬间"沸腾"了起来。2km 环形步道亲子健康跑正式开始啦！

在爸爸妈妈的陪伴下，小小运动员们踏上了这条充满挑战与欢乐的赛道，全力奔跑，他们互相鼓励，共同克服着途中的困难。依霖小运动员们虽然步伐稚嫩，但眼中闪烁着坚定的光芒，他们坚毅地跟上大家的步伐，不甘落后，很有运动员风范哦！

- 宝贝，爸爸牵着你的手跑。

- 爸爸，您放手，我自己能行。

- 爸爸，跑快一点，您怎么跑得比我还慢呢？

- 爸爸，您看，沿着箭头一直跑就到终点了。

哇，弟弟妹妹轻松拿下一个 1km 的小目标，祝贺你们！哥哥姐姐继续加油啊！老二也完成了
自己 1.5km 的目标，真不错，我们一起合个影吧！

老大最牛了！2km 的目标不在话下！冲刺线近在眼前，快，往前冲，赢得胜利啦！

大哥哥大姐姐可真厉害！弟弟妹妹们也学着哥哥姐姐的样子，跑过了终点冲刺线。

　　2km 公园环形步道冲刺后，孩子们纷纷来到了领奖台和兑奖区。一块块金灿灿的奖牌、一个个集体奖杯和琳琅满目的运动小玩具，瞬间吸引了所有的孩子，他们目不转睛地盯着那些奖牌和奖品。老师们满脸笑意，轻轻拿起奖牌，挂在孩子们的脖子上，还不忘摸摸他们的头，温柔地夸上几句。孩子们接过奖牌，眼睛亮晶晶的，嘴角咧得大大的，脸上写满了自豪。有的小朋友紧紧攥着奖牌，舍不得撒手；有的把奖牌举得高高的，向小伙伴们炫耀；还有的凑到奖牌前，仔细地瞧，仿佛在看一件稀世珍宝。

　　场上到处是欢声笑语，这不仅仅是对运动小健将们的奖励，更是孩子们童年里一段闪闪发光的美好回忆。

哪一届的运动会都不能缺少亲子小游戏。在"亲子彩虹伞"的游戏中，爸爸们把彩虹伞拉伸得超级大，孩子们在爸爸们的伞下，随着彩虹伞伞面的舞动，向上跳、向下蹲，伸手摸……玩得很开心，气氛超嗨！

爸爸妈妈的大手为孩子撑起了一把彩虹伞，告诉他们世界是五彩斑斓的。在这把彩色的伞下，他们无忧无虑地学做人、学生活、学学习。

"亲子口香糖"游戏开始啦，你们猜猜，我和爸爸妈妈的"口香糖"粘到了哪里？连依霖这么会玩的"孩子王"也不时发出惊叹声："啊，可以这样粘？""还能粘这里？""哎呀，这样粘也不错！"……

到最后，粘的已经完全不是"口香糖"了，"口香糖"化成了心。孩子们和爸爸妈妈心心相印、相偎相依、亲密无间、形影不离，永不分离……

"亲子口香糖"游戏的意义早已超出了游戏本身。它让我们真正领悟到："幸福是什么？幸福就是我陪着你慢慢长大，你陪着我慢慢变老。"也让我们真切感受到："快乐是什么？快乐就是此时此刻的'口香糖'时光。"

孩子请求道："还有游戏吗？我们还想和爸爸妈妈玩游戏。"

"孩子王"回答："行，那就再多玩几个游戏，先来一个'横扫千军'的游戏。"

· 孩子别怕，勇敢地跳起来，跨过去。跨过蓝色的，再跨红色的。

· 孩子别怕，有爸爸在这里，下蹲，起跳，多练几遍就学会了。

· 孩子别怕，有妈妈陪着你，先跳低一点的，再跳高一点的，加油！

· 孩子别怕，以后你们人生道路上有很多不同颜色的杆，你们不要害怕尝试，失败了没关系，多练几遍就能闯过去，知道吗？

这就是"横扫千军"游戏的意义所在。就像此刻依霖"家庭孩子王"一样，蹲下来，做到"我和孩子一样高"，目光平视，语言亲和，给了孩子大大的鼓励和满满的安全感。如此一来，孩子就会把你当老师，当教练，当榜样，当他最亲近的人。

在"沙包投投乐"游戏区，彩色地面投靶区域格外显眼，孩子们兴奋地站在投线后，小手紧紧攥着沙包，眼睛瞪得圆溜溜，专注地瞄准目标。身旁的爸爸妈妈们微微弯着身体，轻声细语地给孩子传授投准技巧，眼神里满是鼓励与期待。"预备，开始！"老师清脆的口令声一响，游戏正式拉开帷幕。孩子们一个个身体微微后仰，使出全身力气将沙包投出。沙包在空中划过一道道漂亮的弧线，稳稳地落在地面投靶圈内，爸爸妈妈们的掌声和鼓励在第一时间响起："宝贝，你真棒！"充满趣味的"沙包投投乐"游戏，不仅仅锻炼了孩子们的手眼协调能力，更拉近了亲子间的距离，让爱与欢乐在公园的每一个角落蔓延。

不远处的这片小树林即将上演一场欢乐无限的"抱大树"亲子游戏。游戏开始前,老师笑着向孩子们讲解规则,他们眼睛睁得大大的,听得格外认真,小脑袋时不时点一点,早已跃跃欲试。随着老师一声清脆的"找大树,开始",孩子们瞬间像一群欢快的小鹿,撒开脚丫朝着不远处的一棵棵大树飞奔而去,小脸上写满了坚定与兴奋。爸爸妈妈则紧跟其后,和孩子一起张开双臂将大树围在中间,大声欢呼:"我们抱住大树啦!"那响亮的声音在草地上空回荡。此刻,温暖的阳光透过枝叶的缝隙洒在他们身上,映照着他们幸福的脸庞,"一家人"的欢声笑语交织在一起,成为这片小树林中最动人的旋律。

在公园岔路口，一群孩子和家长正在进行"幸福蹲蹲乐"游戏。爸爸妈妈屈膝稳稳地站在路中央，脸上洋溢着温柔的笑意。孩子们兴奋地跨坐在爸爸妈妈的腿上，或被爸爸妈妈有力的手臂牢牢地抱起，两条小胳膊紧紧搂住他们的脖子，笑声如同银铃般清脆，在整个公园回荡。随着老师轻轻的一声"幸福蹲蹲乐，预备，开始"，爸爸妈妈们缓缓下蹲。伴随着每一次下蹲，孩子们都会发出"咯咯咯"的笑声，那笑声里满是纯真与快乐。爸爸妈妈的动作轻柔而稳健，仿佛在守护着世界上最珍贵的宝贝。

一次、两次、三次……爸爸妈妈认真地完成着下蹲动作，每一下都伴随着孩子欢快的笑声。孩子的脸蛋因为兴奋变得红扑扑的，眼睛弯成了月牙，嘴角上扬的弧度怎么也藏不住。"幸福蹲蹲乐"，在一次次下蹲中，展现出爸爸妈妈强大的力量；在抱与蹲的互动中，浸透着亲情的美好。

在小树林的草地上，"趣味滑溜布"游戏区域成了欢乐的海洋。一块色彩鲜艳的巨大滑溜布在小树林的草地上展开，像是一条五彩的丝带。孩子们兴奋地围在滑溜布旁，眼睛里闪烁着期待的光芒。随着老师一声清脆的哨响，游戏正式开始。爸爸妈妈和孩子们迅速分成若干小组，家长们两两相对，双手紧紧抓住滑溜布的边缘，用力将它向上提起，形成了一个充满弹性的"滑道"。孩子们则迫不及待地站到滑溜布的一端，快速爬上滑溜布，飞速爬过，脸上洋溢着兴奋的笑容，嘴里还不时发出欢快的叫声。在游戏过程中，家长和孩子配合默契，共同享受着这温馨又欢乐的时光。

暖暖的阳光温柔地洒在公园的草坡上，在"快乐摘西瓜"游戏区，一组组家庭已经准备就绪。爸爸平躺在柔软的草坪上，孩子稳稳地跨坐在爸爸的小腿上或脚背处，脸上洋溢着按捺不住的兴奋，眼睛紧紧盯着不远处摆放的一筐"西瓜"——一个个色彩鲜艳的海洋球。随着裁判老师的一声令下，游戏开始啦！爸爸双手抱头，发力起身，孩子则全神贯注，紧紧盯着爸爸的动作，小身子也跟着微微晃动。爸爸在成功起身的那一刻，迅速抓起一个海洋球递给孩子，孩子兴奋地接过一个又一个"西瓜"，把它们装进筐里。整个游戏区充满了浓浓的亲情和无尽的欢乐，构成了一幅美好的画卷。

以自然公园环境为背景的亲子健康跑活动，让孩子们感知了运动的多种形式，在自然中呼吸，在奔跑中邂逅美好。他们打开五官，感受公园的自然气息，同时又在 2km 环形步道亲子跑和亲子运动游戏中收获自信、独立、坚毅等品质，感受父母陪伴的幸福时光。运动，点亮孩子们健康成长的快乐童年！

"趣" 骑行，一起骑更有趣

依霖 2024 马术探究体验活动之 "天生好'骑'，'骑'乐融融"

思路

社会实践活动为孩子创设真实的情境，能让孩子们在真实的"社会"中自主体验和探索，获得宝贵的经验。因此，挖掘并利用周边资源，为孩子提供更多实践机会，让社会实践活动具有长久的生命力，是我们的教育目标。

马术俱乐部就是我们挖掘出的一个新的社会实践"基地"。依霖"孩子王"带着"小骑士们"走进马术俱乐部，一起参观马场、骑马、给马儿拍照、喂马、给马儿洗澡、自制小马手工（DIY 小马），开展了一次别样的社会实践活动。孩子们在秋日自然中做一群好奇且快乐的"小骑士"，尽情地撒欢儿……我们希望通过这一场特别的探究之旅，提高孩子们对马匹、马术的了解和认知水平。

目标

· 在真实的环境中，引导幼儿了解马场，初步感知马术，通过参观马房、喂马、给马儿拍照等活动进一步了解有关马的小知识。

· 让幼儿在观看马术表演、体验骑马的过程中，萌发对马以及马术的喜爱之情。

小马小马，你好呀！我好喜欢你呀，你的睫毛长长的像小扇子，我们可以做朋友吗？

实录

马儿，初次见面，我们对你和你的小伙伴们充满了好奇，有好多的问题想要问你。

马儿啊，你是怎样生活的？

· 马儿，你就住在这里吗？我想参观你的马房，可以吗？

· 马儿，你喜欢吃什么呀？我们能喂你吗？

· 马儿，我可以摸摸你吗？

· 马儿，你是怎么洗澡的？

· 马儿，我想骑在你的身上，可以吗？

· 马儿，我做一匹小马驹送给你，好吗？

马儿，我们心里有很多话要和你说，你能感受到吗？我们看过很多关于你的绘本故事，你很英俊，你跑起来很潇洒。我们喜欢白色的你，也喜欢棕色的你，关于你的一切我们都很好奇。

在俱乐部骑术教练的带领下，我们参观马房，认真聆听教练讲解有关马儿的小知识。

教练叔叔说：马，是古代的"六畜"之一，它们额头沿着脖颈至肩胛部长着长长的鬃毛，可以防止蚊虫叮咬；尾部长着长长的马尾，既可以在运动时起到平衡作用，也能驱赶蚊虫。

教练叔叔又说：马善于奔跑，起初被用来驮运重物，后来被用来拉车，帮助人们长途旅行。如今，马广泛用于竞速、马术等多种表演项目。

教练叔叔还说：马的寿命一般是 30 年，马的 1 岁相当于人的 6.5 岁。马的视力并不太好，胆子也比较小。当我们接近马时，最好先以柔和的声音跟马打招呼，然后慢慢靠近，以免惊吓到它们。我们可以通过马耳朵的形态判断马儿的情绪。摸马时先试探性地伸手，它会自己探过来，要从侧面摸。与马亲密接触时，不能走在马儿的后面。

①
②
③

①一进马场，看见马儿，我们就激动起来，热血沸腾。

②"嗨，大个头马，你好呀！"

③"它好像也在跟我们打招呼：小朋友们好呀！"

在参观马房的过程中，我们渐渐知道了马儿们的名字：棉花糖、奥利奥……

最后，教练叔叔告诉我们，马儿最喜欢牧草，如猫尾草、黑麦草等，除了饲料之外，它们还喜欢吃苹果、胡萝卜，夏天可能还会吃大西瓜呢！

　　教练叔叔拿来了很多胡萝卜分发给我们，可马儿太高大，我们太矮小，抬起头、踮着脚尖也够不到马儿的嘴，弟弟妹妹还有些害怕马儿。教练叔叔好像知道我们心里在想什么似的，就用温柔平和的声音询问我们，要不要试着喂一下马儿、摸摸它们。在教练叔叔们的鼓励下，我们开始对马儿传递开心和积极的情绪。有的小伙伴一开始不敢靠近，站在一旁看了很久，慢慢地也参与了进来，模仿着叔叔们的样子，与马儿开始互动。在叔叔们的帮助下，我们懂得了许多关于马儿的知识，也开始尝试用教练叔叔说的小方法：先让它们闻闻我们手中的胡萝卜，再慢慢靠近喂它们吃胡萝卜，进而去观察、触摸。

　　叔叔说：马儿很喜欢洗澡，每次奔跑之后体温会达到 40℃，同时嘴里还会分泌大量的唾液。这时，叔叔就会用凉水冲洗马儿的全身，这样不仅可以给马儿降温，还能洗掉马儿皮肤上的沙子和油脂，从而让马儿的皮肤和毛发更加油亮。用刷子轻刷它们的皮肤，它们会非常舒服。马儿很爱干净。

"你看，马儿在看我们呢！"

骑在马背上，体验当一回小骑士，这是我们做梦都想做的一件事，终于美梦要成真了。

叔叔一边讲解，一边示范给我们看，我们看得十分认真。叔叔说：要从马的左侧上去，用左脚踏入马镫，右手抓住鞍桥，左手上提，借助腿部力量，轻轻跳上马背。可是我们实在是太小了，基本上都是叔叔们把我们抱上马背的。叔叔还说，马缰绳就是方向盘，垂直往后就是刹车。叔叔还告诉我们，不能站起来，要坐下来，这样更安全。

最令人激动的时刻到来了，我们脸蛋上的笑容藏也藏不住，不过好奇怪，穿上马术服，戴上骑士帽，我们都安静了下来，立刻变成了沉着冷静的小骑士。我们小手一挥，

高喊一声："马儿，出发！"

马儿带着我们，我们的小心脏差点要从胸膛里蹦出来，自己都能听到心跳加速的咚咚声。身边有叔叔保驾护航，叔叔说：嗨，小骑士，不用害怕，眼睛看前面，看远方。叔叔的话可真灵，我们抬起头，瞪大眼睛看前面，果然就不那么害怕了。叔叔夸我们很勇敢。

我们还观看了策马奔腾，以及跨越障碍的骑术表演。叔叔告诉我们，跨越障碍时掉杆扣 4 分。每当骏马跨越时，我们都替马儿捏一把汗，而当它们跨越成功时，我们又会忍不住为它们喝彩，激动得又蹦又跳、手舞足蹈。这场表演实在是太精彩了！

快马加鞭　马不停蹄　鞍马劳顿
飞鹰走马　万马奔腾　一马平川
骑马找马　一马当先　走马观花
驰马试剑　快马加鞭　纵横驰骋

依霖孩子骑马而行，英姿勃发，意气风发，仿佛整个马场都在他们的脚下。

幼童骑马踏秋风，走出小苑花正开。
不惧危险笑对马，看见青青走天下。

用彩笔、贴纸、毛根、即时贴、彩纸等材料 DIY，一只小马驹诞生了。

在马术俱乐部的草坪上，一场充满奇思妙想的木马 DIY 创作活动正如火如荼地展开。彩色水笔、记号笔、贴纸、毛根、黏土、即时贴、彩纸等材料在野餐垫上堆成了小小的"宝藏山"，孕育着无限的创作可能。

小朋友们围坐在一起，每个人的脸上都写满了兴奋与专注。有的孩子紧紧握着彩色水笔，在木马的身体上认真地画着五彩斑斓的条纹，仿佛在绘制通往童话世界的地图；有的孩子对着贴纸精挑细选，拿起一张自己喜欢的圆形贴纸，郑重地贴在马背上，小手还不忘小心翼翼地抚平贴纸的边角；还有的

孩子用黏土做成小巧精致的马鞍，用毛根做成缰绳，细心粘贴着，创作着自己的小马驹。

他们一边创作，一边热烈地讨论着，稚嫩的声音此起彼伏："我想给小马做件漂亮的披风。""我的小马要有一对会发光的翅膀！""你看我的小马是粉色的，这是我的公主马。"现场笑声不断，每个人都沉浸在这场创意的狂欢中。普通的小木马在大家的巧手下，摇身一变，成为独一无二的艺术品。

活动很快结束了，孩子们不想和马儿告别，马儿带给他们太多的惊喜、太多的新知识，他们脑海里许多关于马儿的问题都找到了答案。教练叔叔们也很专业，孩子们很喜欢这样的活动。

今天的活动在孩子们幼小的心中种下了好奇的种子。他们在与马互动的时候，比与人交往更用心，马不会说话，孩子们就不厌其烦地与马说话，而且眼睛里充满了好奇与欢喜。

今天的活动在孩子们幼小的心中种下了勇敢的种子。他们战胜内心的胆怯，模仿着骑士的样子，勇敢地坐上马背。尽管马背高耸，孩子们依然鼓足勇气，稳稳地端坐其上，眼神里满是坚定与果敢。

在这次马术俱乐部社会实践活动中，孩子们告别了"园墙"的局限，走出了幼儿园的大门，走进了真实情境，开启了一场别样的成长旅程。孩子们第一次近距离接触马儿，观察它们的生活习性，倾听马蹄嗒嗒的声响，好奇心被瞬间点燃，主动探索知识的大门就此打开。在与马儿互动时，他们学会了耐心倾听和大胆提问。尝试骑行的过程中，面对上马的忐忑和骑行的挑战，他们克服内心的胆怯，勇敢上马，坚韧不拔的意志悄然扎根。

　　这场活动，不仅仅是一次新奇的体验，更是孩子们学习与成长的珍贵契机，他们在真实世界中主动经历、积极探索、直面困难，收获了受益一生的宝贵财富。

带着问题阅读，阅读中提问，提问中再阅读，帮助每一个孩子建构自己的知识，发展自己的智慧，尽情享受阅读带来的乐趣。

绘本阅读是静态的，而体验绘本中的故事是动态的，这一体验的过程也是美好愉悦的。

让阅读不只是单纯的阅读行为。

让孩子们在生活实践中更深入地理解书与生活实践的关系。

悦读，越爱，阅成长

Diary of Yilin Courtyard

"夏日纳凉读书会"主题阅读月探究活动

许多人都怀念儿时的夏日纳凉，白天坐在巷子口，晚上睡在天台上。傍晚的风总是那么怡人，等妈妈做好饭菜，在家门口支张小桌子，摆放几张小板凳，在习习的凉风里起劲地扒着糯香的米饭，尽情地享受美味的晚餐。

晚饭过后，持一蒲扇，携一躺椅，捧一本书，挑拣一阴凉处，沐着绿阴，听着蝉声，品着果茶，畅游书的世界，纳凉消暑，那样的记忆深深印在心中。

思路

2005 年依霖开办之初，创办人就立志要办一家儿童书最多的幼儿园。那时候儿童绘本如同小荷才露出尖尖角，很稀缺。依霖儿童阅读活动就从那时候开始，一直延续至今。近 20 年来，"抛接球问题导向"已经成为依霖师幼阅读的重要学习方法。带着问题阅读，阅读中提问，提问中再阅读，在此过程中帮助每一个孩子建构自己的知识，发展自己的智慧，尽情地享受阅读带来的乐趣。

每到夏天，依霖阅读活动愈加不拘一格，每年原创的阅读活动都深受幼儿的喜爱。对幼儿来说，没见过、没玩过、没参与过的活动都是新鲜的、充满吸引力的。今年阅读活动又有创新——"夏日纳凉读书会"。

孩子们抛"球"："纳凉读书会，纳凉是什么意思啊？""用什么方式纳凉呢？""纳凉和阅读有什么关系呢？""纳凉读书会，要读哪些书？""我们和谁一起纳凉呢？"一连串问号瞬间从幼儿小嘴巴里涌出。只要有问号，我们的活动就一定会有回响。

目标

· 理解"纳凉"的词意，在炎热的夏夜，"一家人"在一起品书阅读，聊书聊故事，在真实的场景中体验生活情趣。

· 通过纳凉读书会，持续激发幼儿阅读的兴趣，让幼儿享受阅读带来的乐趣。

实录

儿时，都怀揣着一个夏日夜晚的梦想，渴望探索幼儿园的奇妙夜；儿时，都热衷于追逐夏日夜晚的梦幻，喜欢迎着傍晚的余晖，等待星星月亮升起。"一家人"牵着手，拿着蒲扇，沿着热闹非凡的各色摊位走一走，听一听童话剧的台词，坐在依霖小苑的大树下，仰着头，听着那些传奇的神话故事。盛夏深处，自享清凉，纳凉读书会正式来临，这是孩子们满心期待的奇妙夜。

最后一抹晚霞给依霖小苑的操场披上了温柔的金纱，微风轻拂，带来丝丝凉意，我们夏日纳凉读书会的童话剧表演开始啦。

孩子们整齐地坐在操场的小凳子上，小脸上满是期待。伴随着轻柔的音乐，老师们登场了。今天她们表演的是经典童话剧《小红帽》。扮演小红帽的老师，头戴一顶鲜红的帽子，蹦蹦跳跳地出场，那活泼的样子瞬间就吸引了孩子们的目光。"大灰狼"老师故意弓着背，发出低沉的吼声，把孩子们逗得哈哈大笑。

在表演过程中，老师们巧妙地加入互动环节。当大灰狼问："小红帽，你要去哪里呀？"孩子们纷纷大声回应："去外婆家！"看到小红帽即将走进大灰狼设下的陷阱，孩子们紧张得小手握拳，忍不住喊着："别去，别去！"

微风轻摇着操场边的树枝，带来夏日独有的蝉鸣和花香。孩子们沉浸在童话的世界里，时而欢笑，时而紧张。在这个美好的傍晚，这场童话剧不仅仅为孩子们带来了欢乐，更为他们的童年添上一抹绚丽的色彩。依霖"孩子王"们表演的童话剧真的很精彩，孩子们很喜欢。

童话剧结束后，"孩子们"以"家庭"为单位，或者"家庭"和"家庭"之间自由结伴，开始逛摊位了。

几个小朋友手拉着手，蹦蹦跳跳地跑到书摊前，眼睛一下子就被各种各样的图书吸引了。老大拿过一本科普类的绘本，欣喜地转头对身旁的老二说："你看这本，好像很有趣！"一旁的老二也不甘示弱，在书堆里翻找着，不一会儿就找出一本有着精美公主插画的书，兴奋地问摊主老师："老师，这本多少钱呀？"老师笑着回答："这个五元两本。"老大听完歪着脑袋想了想，又挑了一本故事书，还不忘对身边的老二说："再选一本。"老三则在书摊前犹豫不决，拿起这本翻翻，又拿起那本看看。终于，他鼓起勇气说："老师，我拿这本。"老师温柔地说："好的，再送你一枚小书签。""一家人"满意地点点头，付了钱，紧紧抱着书，仿佛拥有了全世界最

珍贵的宝贝。

孩子们在童心书屋的摊位前自主挑选着心仪的图书，原来自己买书的心情真的不一样。他们主动询问，大胆地讨价还价，满心欢喜地向同伴介绍自己挑选的书，迫不及待地翻阅……清脆的询价声、欢快的讨论声在这个夏日的傍晚时分交织，孩子们对书的喜爱之情也愈发深厚。

不远处，一个摆满百变书签的摊位也吸引了许多小朋友，他们睁着好奇的大眼睛，小手指指这儿又指指那儿，兴奋地讨论着。这些书签形状各异，有可爱的小动物模样，有梦幻的星星月亮造型，还有充满童趣的卡通人物。很快，幼儿们就迫不及待地开始自己设计书签。有的拿起画笔，蘸着颜料，认真地在空白书签上涂抹，不一会儿，鲜艳的花朵便绽放在书签上；有的挑选彩纸，用稚嫩的小手努力折叠，尝试折出独特的形状；还有的将干花、小贴纸精心地粘贴在书签上，为其增添别样的美感。他们时而托腮思考，时而和小伙伴交流创意，小小的脑袋里装满了奇思妙想。在这个夏日的傍晚，孩子们沉浸在设计书签的乐趣中，用自己的方式为这个特别的读书会留下独一无二的印记。

听，依霖的"孩子王"讲起了故事："从

前，有一个……"在孩子们的世界中，故事总是那么有吸引力，幼儿的成长离不开故事的陪伴。世界上没有不爱听故事的孩子，故事是孩子认知世界的一扇窗户，是开启智慧之门的一把钥匙。

夏日傍晚，暑气未消，纳凉读书会的一角，孩子们围坐一圈，瞬间化身一群乖巧的小听众。"孩子王"坐在正前方，翻开一本《猜猜我有多爱你》，绘声绘色地讲起来。她模仿大兔子沉稳的声音，又尖起嗓子学小兔子撒娇，表情丰富得像在演舞台剧。孩子们仰着小脑袋，眼睛一眨不眨，被深深吸引。有的孩子嘴巴微张，沉浸在故事里；有的孩子不自觉地跟着做动作，伸出小手比划着"爱的长度"；还有的孩子小脸上满是纯真的笑容，被故事里的温情打动。坐在前排的小女孩，眼睛亮晶晶的，嘴角上扬，完全入了迷。微风轻轻吹，带着草木的清香，书页翻动的沙沙声和"孩子王"的讲述声交织在一起，编织出一个充满童趣的夏夜之梦。在这个读书会上，最受欢迎的摊位，当属"孩子王"的绘本故事摊。

落日余晖给夏日纳凉读书会的现场披上一层暖光，不远处饮品摊位前，孩子们被五彩的小冰棍和特色夏日饮品吸引，纷纷围拢

过来。"老师，我要这个草莓冰棍！"一个小男孩兴奋地踮起脚。拿到冰棍后，他迫不及待地撕开包装，轻轻舔上一口，眼睛瞬间眯成缝，脸上洋溢着幸福，草莓的香甜在舌尖散开，驱散了夏日的燥热。

不远处，几个小女孩捧着色彩缤纷的水果茶，轻啜着吸管，水果的清甜萦绕舌尖，艳丽的色泽映亮眉眼，她们的脸上写满对这些饮品的喜爱。其中一个小女孩喝了一口橘子汁，用手背擦擦嘴角，满足地长舒一口气，她和身边的小伙伴互相看向对方的果汁，一会儿窃窃私语，一会儿笑声连连。在这热闹的读书会上，孩子们一边品尝着美味的冷饮，一边享受着悠闲的夏日时光，惬意又欢喜。

一处摆满扇子的摊位前，同样围满了好奇的幼儿，他们的目光被扇面上各式的图案吸引，眼中满是惊叹与喜爱。一个穿着碎花裙的小女孩，拿起颜料和一把空白的扇子，准备亲手制作一把桃花扇。她先是小心翼翼地用铅笔在扇面上勾勒出想要的画面的轮廓，小眉头微微皱起，眼神专注得仿佛整个世界只剩下她和手中的扇子。起好稿后，她

开始上色。蘸颜料时，她轻轻转动画笔，控制着颜料的量，生怕蘸多了破坏画面。上色过程中，她的手微微颤抖，却努力保持平稳，每一笔落下，她都端详。身旁小伙伴们的欢声笑语，她充耳不闻，全身心沉浸在创作中。终于，一把自制的桃花扇在她手中诞生，她长舒一口气，嘴角上扬，眼中满是自豪，迫不及待地向旁人展示自己的成果。

场地中央摆放着一叠空白的纸质袋子，小朋友们围坐在四周，准备开启一场创意之旅，设计专属于自己的摊位袋。有的孩子拿起画笔，思索片刻，便在纸袋上画起了自己喜欢的动画角色；有的孩子在纸袋上画上了笑脸；有的孩子用漂亮的干花装饰袋子；还有的孩子精心挑选着贴纸，将可爱的小动物贴纸错落有致地贴在袋子上……经过一番努力，孩子们的袋子焕然一新。他们看着装饰得美美的袋子，嘴角上扬，忍不住向小伙伴展示。他们手持自己设计的袋子穿梭在各个摊位间，把亲手设计的书签、精心挑选的图书轻轻放进袋子里。袋子渐渐装满，孩子们的脸上洋溢着满足与喜悦，这份喜悦不仅仅源于收获，更源于创造带来的成就感。

孩子们介绍自己设计的纸袋的文化内涵，很有趣。

· 老二介绍：我们设计的主题是兔子。因为今年是兔年。你们看，左边一只兔子是小兔的爸爸即老大，右边一只兔子是小兔的妈妈即老二，中间就是我们的小可爱小兔即老三。

· 我们设计的袋子上全是笑脸。参加今天的纳凉读书会，我们心里很高兴，一高兴看什么都在笑。我在笑，树在笑，太阳在笑，小动物在笑，就连池塘里的螃蟹也在开心地吐着泡泡呢！

· 我们设计的是纳凉读书会，天上的三仙女也来参加我们的纳凉读书会了，有的还挑着担子为我们送书呢……

孩子们对待每一件事情都是认真专注的，设计装书的袋子也不例外。他们把最喜欢的故事主人公、故事情节画在购书袋上。他们画得如此投入，因为这是他们喜欢做的事情。创造力就像一只储蓄罐，今天投入的每一分努力，都会成为铸就未来的基石。端午节的龙舟设计→毕业典礼的花瓶创意→水战战袍的设计→读书会购书袋的创作……在一次次活动中，幼儿惊人的创造力、想象力、设计灵感不断涌出，从手握一支笔小心翼翼的样子逐渐变为挥笔自如、一次成型。

当今社会是学习型＋信息开放型社会，人们需要终身学习。而学习能力、处理信息的能力都依附于一种基本能力——阅读能力。因此，为培养依霖幼儿"爱读书·乐读书·会读书"的习惯，营造"书香依霖""书香家庭"的环境氛围，依霖开展了"'语'你同行，'阅'在依霖——夏日纳凉读书会"主题阅读月活动。该活动旨在引导幼儿与经典好书为友，营造浓厚的阅读氛围，让书籍为幼儿打开一扇扇窗，开启一道道门，丰富知识，开阔视野，活跃思维，陶冶情操，真正使他们体验阅读带来的快乐。

"依霖人"认为：阅读是开启幼儿智慧之门的钥匙，引领幼儿在书海里遨游，这是"领航人"的职责所在，就像放飞风筝那样，牵着一头，放飞另一头，使他们在高空中见多识广，飞得更高更远。

依霖主题阅读月在"夏日纳凉读书会"活动中画上了句号，但依霖阅读课程的点滴浸润从未停止。

当绘本遇上春天

"悦读 · 越爱 · 阅成长"——主题阅读月探究活动

播撒任何一种教育行为，创设任何一种教育环境，机灵的孩子们都能获得相应感知，拥抱绘本就是拥抱"学做人，学生活，学学习"的智慧与美好。

为什么要开展"当绘本遇上春天"主题阅读月探究活动？活动能发展孩子们哪些能力？孩子们在与春天绘本的互动中能看到怎样的世界？……"孩子王"们站在"我和孩子一样高"的思维角度思考，有了主张和目标后，向孩子们询问关于"当绘本遇上春天"活动中绘本选择的想法，并和孩子们一起讨论，设计不同类别的延伸活动，让春天绘本的内容跳出书籍本身，走进我们的生活实践。

思路

早期阅读是培养幼儿认识世界的能力、运用语言的技能的重要活动之一。在绘本阅读中潜移默化地渗透知识，培养幼儿的认知、观察、思考、沟通、想象和创造能力，同时促使正向情感萌生。

绘本阅读是静态的，而体验绘本中的故事是动态的，这一体验的过程也是美好愉悦的。当绘本遇见春天，美好就会自然而然地发生。

自然绘本阅读，绝不能停留在绘本本身，还需走进大自然，带着阅读过程中的好奇与

春天进行真实情境互动，这样才能更深入地理解绘本内容及其蕴含的道理。

"当绘本遇上春天"依霖主题阅读月探究活动，主要以春天绘本为载体，将阅读和春天探索相结合，带孩子们一起探索春天大自然所蕴藏的知识，感受绘本阅读的魅力。

目标

· 结合春季，借助自然绘本，激发幼儿

对大自然的热爱与探索，鼓励幼儿大胆分享绘本中最喜欢的春天场景，积累自然知识。

·在绘本与春天的链接中，找到两者间的关系，激起幼儿的阅读兴趣，进一步提高幼儿的语言表达能力和观察自然的能力。

实录

"当绘本遇上春天"依霖主题阅读月问题"抛接球"启动的那一刻，一场奇妙的自然探索之旅就此开启。师幼共同挑选有关春天的绘本，绘本里细腻描绘的春天景色、动植物的变化，成为大家热烈讨论的话题。从绘本中蔬菜的生长，延伸到幼儿园菜园的种植活动；根据绘本里动物的春日踪迹，开展户外观察。这样的形式，把静态的绘本知识转化为动态的亲身体验，不仅加深了幼儿对绘本内容的理解，还激发了他们的观察力、思考力与探索欲。在实践中，孩子们学会了合作与交流，感受自然与书本的紧密联系，让阅读的意义在春日暖阳下无限延伸。

好书推荐《七彩下雨天》

当《七彩下雨天》邂逅幼儿园阅读月，在依霖"当绘本遇上春天"阅读月主题探究活动中，《七彩下雨天》成为师幼探索春天的奇妙窗口。选择这本书，因其以充满想象力的视角描绘雨景，契合孩子天马行空的思维，书中绚丽的色彩与春天蓬勃的生机呼应，能激发幼儿对色彩和自然现象的兴趣。

活动开始后，老师将多本春天主题绘本展示在阅读区，小朋友们围坐在一起，好奇地翻阅。当翻开《七彩下雨天》时，孩子们被书中奇幻的画面吸引，纷纷举手推荐，最终它凭借超高人气入选本次阅读月推荐书单。绘本集体学习活动中，老师声情并茂地讲述着故事内容，每一页都引发惊叹与讨论，小朋友们纷纷抢着回答自己对不同颜色的雨的奇妙联想。

在依霖小苑，"一家人"共同阅读绘本已成为一种约定俗成的文化氛围。在来园、自

① 打开《七彩下雨天》，看雨滴幻化成梦幻色彩，一起开启奇妙想象之旅！

② 老大、老二、老三捧着书笑成了"小太阳"，七彩雨滴在指尖蹦跳，三双眼睛跟着文字掉进彩虹雨里啦！

③ 风把伞面的七彩飘带吹得"哗啦啦"转圈圈，像彩虹尾巴在身后追着我跑，连小草都仰着头看我们的"魔法雨伞"呢！

④ "一家人"挤在七彩伞下咯咯笑，三个小脑袋碰在一起，把七彩伞变成了会发光的童话小屋。

由游戏、离园等日常活动环节，都能见到临时"一家人"阅读的身影。通常是老大讲或者会认字的老二讲，老三一般都是小听众，画面很温馨。通过孩子们的眼神、脸部表情可以看出，他们是松弛而认真的。

在探究《七彩下雨天》这本书时，师幼共同探索了丰富的活动。在美术活动中，孩子们把心中的七彩雨画了出来，绘制了一把彩虹伞，用色彩表达想象；在手工制作环节，孩子们动手制作"雨滴风铃"，展开关于雨滴形态与声音的奇思妙想；在故事创编活动中，孩子们充分发挥想象力，续写七彩雨中的新故事，锻炼语言表达能力；在实践活动中，孩子们撑伞观察雨，对比现实的雨与书中的雨；在春游活动中，孩子们开展"玩转"彩虹伞的游戏，将绘本与生活连接，让阅读体验更加深刻。

好书推荐《外公的菜园子》

在依霖阅读月恰逢充满生机的春天之际，有的班级师幼共同选定《外公的菜园子》作为开启阅读之旅的钥匙。选择这本书，一方面是因为孩子们非常喜欢在种植园地种菜，另一方面是因为它用质朴温暖的笔触描绘了菜园四季的更迭，春天更是菜园焕发生机的起点，与当下季节完美呼应。书中浓浓的祖孙情，也能让孩子们在感受自然魅力的同时，体悟亲情的珍贵。这本书为孩子们打开了认识自然与情感世界的大门。

当孩子们翻到《外公的菜园子》这本书时，书中可爱的蔬菜形象、温馨的祖孙画面一下子就抓住了他们的目光。他们你一言我一语，分享着自己在种植园地播种、照料蔬

菜的经历，就这样，这本充盈着生活气息与温暖情感的绘本脱颖而出。阅读绘本时，孩子们看到外公播种这一段，纷纷好奇地问种子多久发芽；看到祖孙一起浇水，他们又兴奋地分享自己帮忙做家务的趣事。阅读室里满是温馨与欢乐。

在探究《外公的菜园子》这本书时，"孩子王"和孩子们开展了许多有趣的活动。结合绘本，趣味盎然的蔬菜拓印活动拉开帷幕。活动前，老师将胡萝卜、西蓝花、芹菜等蔬菜切成不同形状，放置在颜料盘旁。孩子们好奇地凑近观察，眼神中满是期待。轮到孩子们动手，惊喜接连不断。有的孩子拿着西蓝花拓印时，惊奇地喊："看，西蓝花印

出来像棵超级大树,上面的小颗粒就是树叶!"原来西蓝花表面由无数紧密排列的小花簇组成,拓印出的图案有着独特的细密纹理,恰似繁茂的树冠。有的孩子用芹菜印出长条当作面条,还发现芹菜的纹路和西蓝花的截然不同:"芹菜印的面条有细细的竖线,像条纹一样!"这是因为芹菜表面有纵向的纤维脉络,印出的痕迹带有清晰的线条感。孩子们一边交流,一边尝试使用更多蔬菜拓印:土豆截面光滑,拓印出的图案边缘圆润、表面平整;莲藕的孔洞则印出一排规则的圆圈,像极了野餐时吹出的泡泡。大家遇到颜料蘸多蘸少的问题时,会互相帮忙调整,还会分享创意,现场欢声笑语不断。这次蔬菜拓印活动,不仅仅是简单的艺术创作,更是一场探索发现之旅。孩子们通过亲手实践,直观感受到不同蔬菜的独特纹路,在绘本与现实的奇妙联动中,锻炼了动手能力,激发了探索欲,也收获了满满的快乐。在种植园地,孩子们和爷爷奶奶一起亲手种下蔬菜小苗,每天细心照料,观察并记录生长过程,感受生命的奇妙。种植园地里的劳作,让孩子们在充满趣味的真实生活互动中加深了对故事的理解,也更懂得长辈的付出。

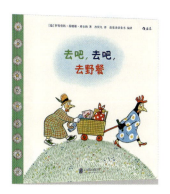

好书推荐《去吧，去吧，去野餐》

在阅读月邂逅春天的美好之际，我们共同选择了绘本《去吧，去吧，去野餐》。春天是万物复苏、生机勃勃的季节，也是孩子们亲近自然的好时机，这本绘本描绘的正是一场充满欢乐与惊喜的春日野餐，与春季完美契合，能让孩子们在阅读中感受春天的活力与美好。

选择这本书的过程充满了温馨与欢乐。老师先为孩子们讲述了几个与春天、户外活动相关的绘本片段，当《去吧，去吧，去野餐》的故事展开时，孩子们被书中色彩斑斓的画面和有趣的情节深深吸引。大家围坐在老师周边，兴奋地讨论着，纷纷举起小手，表达对这本绘本的喜爱，就这样，它成了这个班级阅读月的共同选择。

阅读活动从一次集体阅读开始，老师和孩子们一起解读绘本的秘密，孩子们聚精会神地听着，看到书中角色遇到小麻烦时，大

家会忍不住紧张，看到野餐成功时，又不禁欢呼雀跃。随后，孩子们分组阅读，互相分享自己最喜欢的画面和情节，交流着对故事的理解。

基于《去吧，去吧，去野餐》这本绘本，孩子们和老师们通过讨论，开展了丰富多彩的活动。春日正好，孩子们首先开展了"去郊游"音乐活动，听着欢快的旋律，孩子们的小脸上满是兴奋，大家打着节拍，一句句哼唱，唱熟后，大家还编排了动作，挥动手臂模拟微风，蹦蹦跳跳模拟前行。在《去郊游》的音乐里，孩子们感受着节奏的魅力，仿佛置身于春日郊游之中，欢声笑语回荡在班级里。在手工活动中，孩子们用超轻黏土捏出了立体的绘本角色；还体验了一次真实的春日野餐活动，他们带着自己制作的小点心，在幼儿园的草坪上享受野餐时光，模仿绘本中的情节，互相分享食物，感受分享的快乐。通过这次阅读月活动，孩子们在绘本与现实的交融中，收获了知识、快乐与成长。

好书推荐《彩虹色的花》

当绘本邂逅春天，师幼共赴爱与美的约定。春天是播种希望、传递温暖的季节，在与烂漫春天相拥之时，师幼一同选定绘本《彩虹色的花》。在这本绘本里，彩虹色的花无私分享自己的花瓣帮助他人，与春天的氛围契合，还能在孩子们心中播下善良、分享的种子，让他们感受爱与被爱的美好。挑选绘本时，"孩子王"展示着多本绘本的封面，简单介绍着内容，当《彩虹色的花》的封面呈现时，绚丽的画面一下子抓住了孩子们的目光。"孩子王"讲述故事片段之后，孩子们纷纷讨论："我喜欢彩虹色的花，它好善良。"

"好想知道后面它还帮助了谁。"就这样，这本满溢温暖的绘本脱颖而出。

阅读活动正式开启，班级"孩子王"先在温馨的阅读角，伴着轻柔的音乐为孩子们

朗读。孩子们眼睛瞪得圆圆的，看到彩虹色的花把花瓣送给小蚂蚁过河，都露出担心又期待的神情……自主阅读环节，孩子们三五成群，指着画面小声交流，有的孩子还模仿书中的角色对话。

围绕这本绘本，我们开展了一系列精彩的活动。在演绎活动中，我们搭建了"彩虹色的花"小剧场，孩子们踊跃报名，分别扮演彩虹色的花、小蚂蚁、小鸟等角色，他们穿上自制服装，生动演绎故事。我们还在区角中设置了小型的纸箱小剧院，孩子们可以通过操作道具演绎故事内容。无论是小角色操作演绎还是真人故事演绎，孩子们都在真实的故事场景中深刻理解了分享的意义。在科学探索活动中，大家利用彩色纸片进行变色探索，模拟彩虹色的花在四季变化中颜色的改变。孩子们惊奇地观察着纸片在不同液体、光照下的色彩变幻，探索色彩的奥秘。在美工活动中，大家一起制作"彩虹色的花"手工作品，用彩纸、黏土塑造花朵，装点教室，让春天的温暖与美好溢满校园。

好书推荐《头上长满鲜花的男孩》

当绘本遇见春天，我们邂逅了《头上长满鲜花的男孩》。当春天来临，为什么这个男孩头上会长满鲜花？这是一个怎样的故事，有着什么样的奇妙故事情节呢？故事讲述了一个男孩头上不可思议地长出了鲜花，在最初被人异样看待后，他凭借自身的乐观与善良，让周围的人逐渐被鲜花的美好感染。在万物复苏的春天，这本绘本不仅契合了自然生长、生机盎然的季节氛围，而且以一种温暖且富有想象力的方式，向孩子们传达接纳差异、保持乐观的价值观，鼓励孩子们勇敢做自己，尊重他人的不同。

在绘本阅读过程中，我们和孩子们一起走进户外花园，收集掉落的花瓣、叶子，用这些自然材料精心制作"头上长满鲜花的男孩"手工作品。转瞬之间，一个个充满创意的手工头像诞生了，每一个都独一无二，仿佛在诉说着孩子们对故事的理解。我们还组织了角色扮演活动，孩子们分别扮演故事中的角色，在模拟场景中体会角色的情感变化，加深对故事的感悟。这场与绘本的春日之约，在孩子们心中种下了美好的种子，让他们在阅读与实践中收获成长。

好书推荐《种一朵影子花》

我们和孩子们还开启了一段奇妙的阅读之旅，大家一致选择了绘本《种一朵影子花》。这本书以其独特的魅力吸引了我们，用诗意的文字和梦幻的插画，讲述了一个关于爱、勇气和希望的故事，与春天生机勃勃、充满希望的氛围完美契合。

在自由翻阅（或挑选）的过程中，有的孩子指着书中的影子花兴奋地说："这是一朵花，还是一个影子啊？""这朵花好特别，我好想知道它是怎么种出来的。"阅读过程中，孩子们的眼睛里闪烁着好奇与兴奋的光芒。"一家人"一起逐页朗读，孩子们聚精会神地聆听，不时提出自己的疑问和想法。读到精彩之处，孩子们会忍不住发出惊叹声，仿佛置身于故事之中。通过共同阅读，"一家人"一起感受着故事里的温暖与美好，也增进了师生之间的感情。就这样，《种一朵影子花》成了令孩子们爱不释手的绘本。围绕这本绘本，老师和孩子们一起开展了许多延伸活动。比如，在太阳底下抓影子、拍摄光影照片。又如，在中午散步时，孩子们发现自己的影子不见了，于是开始探究怎样在手电筒的光照下，让影子变大或变小。这些活动深深开启了孩子们探索影子世界的思维之门。

· 影子一会儿有，一会儿没有，这是为什么呀？

· 影子是从哪里来的？

· 太阳底下会有影子，月亮下面也有影子，是因为有光就会有影子吗？

······

好书推荐《999个青蛙兄弟的春天》

我们用《999 个青蛙兄弟的春天》开启了一场独特的阅读冒险。999 个青蛙兄弟在春天里会有哪些有趣的经历？它们是怎样一同对抗想要独霸春天的大蛇，用集体智慧和力量去守护美好春天的呢？故事里的团结精神、对自然的热爱，与春天万物生长、和谐美好的主题相呼应，我们希望通过与绘本《999 个青蛙兄弟的春天》的互动，让孩子们在阅读中感受团队的力量与春日的无限生机。

阅读区的柜子上最显眼的地方摆放着绘本《999 个青蛙兄弟的春天》，封面上形态各异的青蛙瞬间引起了孩子们的注意。他们有的好奇地凑过去翻看，有的讨论着青蛙兄弟会有怎样的奇遇，还有的甚至开始自主

阅读了起来，兴奋劲儿十足。在集体阅读活动中，故事讲到青蛙兄弟遇到大蛇的情节时，气氛紧张了起来，孩子们小脸紧绷，满是担忧；看到青蛙兄弟想出办法，他们也跟着欢呼雀跃。

阅读活动结束后，孩子们特别喜爱这群青蛙兄弟，希望把它们当作小宠物养在班级里。有了这个提议，孩子们最终讨论出一个特别的方法：用绿色彩纸折出一只只活灵活现的青蛙，就像让青蛙从画面中跳出来一样。于是，班级里有了许许多多的"小青蛙"。还有孩子提议在操场上举办"青蛙大冒险"游戏，他们自己扮演青蛙兄弟，再现书中躲避大蛇的情节。

任何时候都不要低估幼儿的学习能力，只要给他们机会，他们的想象力和联想能力在很多时候是胜过成人的。好奇心是他们学习的导航，爱提问是他们独有的思维密码，专注投入是他们的学习特点，困难是他们锻炼解决问题能力的良机，坚持是他们形成良好习惯的重要途径。

通过"当绘本遇上春天"阅读月活动，我们不仅让孩子们在绘本的世界里感受到了春天的美好与希望，也激发了他们对阅读和创作的兴趣。绘本遇见春天，在孩子们的心中种下了一颗阅读的种子，这颗种子萌发出嫩芽，相信在未来的日子里，这颗嫩芽会茁壮成长，开出绚丽的花朵。

3~6 岁是幼儿阅读能力发展的黄金阶段，良好的阅读习惯和行为是影响幼儿终身阅读的关键因素。依霖每年都会举行丰富多彩的阅读活动，以激发幼儿的阅读兴趣，帮助他们养成良好的阅读习惯。然而，我们在活动中经常发现幼儿的阅读兴趣缺乏持久性，仅停留在活动的初始阶段，阅读习惯的养成呈现出"割裂"现象。究竟怎样才能让幼儿对阅读感兴趣，且有持久性？怎样让喜欢阅读的孩子更加喜欢阅读？可以用什么方式帮助不喜欢阅读的幼儿爱上阅读？

由此，我们设计了"'悦读·越爱·阅成长'亲子阅读记录卡"，并投入使用。通过每日亲子阅读打卡将各类阅读活动进行串联，让阅读融于幼儿每日生活，从而解决幼儿阅读兴趣缺乏持久性以及阅读习惯养成呈现割裂状态等问题。

对于幼儿而言，阅读记录不仅仅是一项学习任务，更承载着独特的意义。在他们眼中，这如同大人们的工作般神圣，因而总会以认真专注的态度对待。每到记录时，孩子们便会静下心来，仔细回顾所阅读的内容，并充分发挥想象力，创造出属于自己的记录方式。过程中，孩子们还会关心自己的记录方式是否能让他人理解，比如老大就会询问弟弟妹妹："我这样记录你们看得懂吗？"在思考与交流中不断优化自己的记录方法。

这种阅读记录的过程，实际上是幼儿梳理自身认知与行动的联系的重要途径。在记

有一句话是这样说的："儿童天生就是艺术家、科学家和社会活动家。"我们理解这句话的潜台词是"与生俱来"。依霖很多孩子没有学过记录，可是他们的记录像解密电码，有趣又让人感动和欣慰。

录中，经验的积累与认知的发展相互促进，能为后续学习奠定坚实的基础。因此，在"当绘本遇上春天"主题阅读月活动结束后，依霖顺势启动的"悦读·越爱·阅成长"亲子阅读打卡记录教育活动得到了全体幼儿和家长的积极响应，大家每天坚持阅读并认真记录，让阅读真正融入幼儿的日常生活，赋予阅读更深刻的意义。

此次亲子阅读打卡活动的开展，源于心理学上著名的 21 天效应。21 天法则是培养好习惯的有效方法，它指出通过 21 天的正确重复练习，人们能够形成动力定型，将行为转化为常态习惯。这一法则的理论根源，可追溯到世界著名的生理学家、心理学家巴普洛夫基于"条件反射"研究的"动力定型"理论。巴普洛夫的这一理论，自创立以来就被广泛应用于教育领域，21 天法则正是对其理论精髓的延续。

"依霖人"将 21 天法则的 3 个阶段巧妙运用到幼儿阅读兴趣培养中，期待能产生积极的教育效果。在这个过程中，幼儿会逐渐明白，阅读并非一朝一夕之事，需要持之以恒，日复一日地回顾，而坚持之后，往往能收获意想不到的成长与成就。

亲子阅读打卡记录的初期，幼儿普遍表现出"刻意、不自然"的状态，需要成人不断提醒才能完成阅读打卡。面对这一阶段特点，"依霖人"迅速达成共识，家园携手全力为孩子打造沉浸式的阅读打卡环境。

每周一，孩子们会带着作为一周阅读记录成果的阅读卡到班级，老师"批阅"孩子们 7 天的记录后，会组织他们进行阅读记录分享交流活动，引导孩子介绍自己的记录方式，让孩子们在交流中相互学习，发现阅读记录的多样可能。

与此同时，教师通过班级微信群与家长保持密切的沟通与联系。孩子们分享结束后，老师会将孩子们的记录方式以照片形式展示在群内，拓宽家长的思维，并附上指导建议，帮助家长更好地引导孩子落实每日阅读记录，让家园协同的力量推动孩子在阅读道路上稳步前行。

我们鼓励幼儿自由发挥，不设规定与年龄限制，孩子们的记录方式在一段时间以后逐渐丰富起来。低年龄段孩子会用贴纸、简单的符号或涂鸦，又或者以稚嫩线条勾勒故事印象；稍大些的孩子会画出简单的故事角色形象或场景，或用图文、单纯文字记录。在每一天的坚持中，孩子们的成长迅速且惊人，常常在不经意间给我们带来惊喜。有些孩子，前一天还不擅长的事情，第二天就做得有模有样了。

符号印章记录

纯文字记录

图画记录

亲子阅读打卡记录不仅加强了亲子陪伴，让家长和孩子在共读中亲密无间，还悄然使孩子养成阅读习惯，激发了孩子的阅读兴趣。它见证着孩子与书的不解之缘，记录下家庭的温馨阅读时光，成为孩子成长路上温暖而珍贵的回忆。

让阅读不只是单纯的阅读行为。依霖"孩子王"说：

"尊重孩子们自己的意愿，允许他们用自己喜欢的方式，记录每日绘本阅读中喜欢的主人公和故事情节。"

"符号、印章、贴纸、数字……阅读记录的方式多种多样，小年龄段孩子们并未因为年龄小而放弃，他们也用自己稚嫩的方式坚持每日的阅读记录。"

"教育便是如此，往往不是单一的存在，这仅仅是简单的记录吗？这仅仅是前书写的激趣吗？并非如此。每日阅读活动还锻炼了孩子们的绘画能力、想象力、画字能力，以及语言表达能力、识字能力等。"

"有付出就有收获，孩子们不仅获得了全方位的成长，还在坚持中收获了小小鼓励，乐意继续打卡。"

依霖"悦读·越爱·阅成长"亲子阅读打卡记录活动中，第一阶段诞生了244位"班级阅读之星"和149位"依霖阅读之星"。为帮助幼儿延续阅读热情，依霖特别准备了图书《二十四节气》作为奖品，鼓励坚持阅读的孩子。未来，继续加油！

爱读书的小孩拥有一整个春天

以书换"蔬","阅"享生活

"悦读 · 越爱 · 阅成长"——主题阅读月探究活动

对幼儿学习来说，自然即学习，生活即学习。幼儿天天和书及蔬菜见面，不知不觉早已和它们成了老朋友。但是，幼儿对这些老朋友究竟了解多少，能知其然而知其所以然吗？把每天看的书和每天吃的蔬菜结合起来，会创造怎样的学习景象呢？

根据幼儿学习的特点，调动其所有感官参与活动，将零散分布于各个"点"上的知识连接成线，再扩大成面，必然能促进幼儿思考、分析、判断等思维能力的形成。

在"以书换'蔬'，'阅'享生活"活动中，幼儿能够认识蔬菜，了解蔬菜与人生活的关系，享受学习的快乐。当书本遇上蔬菜，会摩擦出怎样的火花呢？

思路

3~6 岁是幼儿阅读启蒙的关键时期，这一时期阅读的重要性不言而喻，而如何将阅读活动与生活实践相融合是我们一直在讨论和关注的问题。《幼儿园教育指导纲要（试行）》中指出："语言能力是一种综合能力，幼儿语言的发展与其情感、思维、社会参与水平、交流技能、知识经验等方面的发展是不可分割地联系在一起的，语言教育应当渗透在所有活动中。"因此，在新一轮的阅读月活动中，我们以"我的班级我做主"为理念，以各班为阵地，全园上下联动，以"以

书换'蔬'，'阅'享生活"为主题，鼓励各班级"孩子王"带领孩子们积极参与，在为期一月的时间里，让孩子和老师一起选择蔬菜绘本，以书换"蔬"，用"书"和"蔬"架起一座桥梁，使阅读与生活实践相关联，让阅读活动生活化、游戏化。

活动分为 4 个部分：

一起布置蔬菜摊位和阅读角，体验创造的快乐；

一起用不同方式打包蔬菜，体验劳动的

目标

快乐；

　　一起阅读分享绘本故事，体验阅读的快乐；

　　一起把蔬菜变成美味的菜肴，体验美食的快乐。

　　一本好书的力量不会因为时间流逝而消退，让书不再沉睡，让新鲜蔬菜走进生活。愿阅读的种子，播撒在每一位幼儿心田，生根发芽，枝繁叶茂，盛开绚丽的花朵。

　　·幼儿对常用蔬菜已有基本认识，鼓励幼儿通过自主发现、小组探究、合作设计等形式生成新经验。

　　·让幼儿用自主表征的方式尝试打包蔬菜，体验创造性劳动的快乐。

　　·用"书"和"蔬"架起一座桥梁，使阅读与生活实践相关联，让阅读活动生活化、游戏化，从而激发幼儿对阅读的兴趣。

实录

春暖花开，正是阅读的好时节。世界读书日和依霖"春天的脚步"主题教学遥相呼应，一场以蔬菜绘本为载体的阅读大活动正式拉开帷幕。

绘本阅读是静态的，自然体验与生活实践是动态立体式的。当绘本遇见蔬菜，阅读就不仅仅停留于绘本本身了，而是于动静交错之间深刻领悟绘本中的知识与现实生活中人们的关系。

本次阅读月活动以班级为单位开展。各班师生共同挑选一本蔬菜主题绘本，孩子们在"孩子王"的带领下，一同走进蔬菜绘本构建的奇妙植物世界。通过互动讲解与共同探究，孩子们重新认识了蔬菜与健康的紧密联系。

活动期间，各班会依据所选绘本内容，精心设计专属蔬菜摊点，陈列对应蔬菜的实物样品，营造沉浸式学习场景。同时，幼儿可自主挑选一本蔬菜绘本，发挥创意自制蔬菜书签，并在活动当天进行展示。

更有趣的是，幼儿还能将自己装扮成绘本中的蔬菜形象。无论是带有蔬菜花纹的服装、可爱的贴纸，还是创意蔬菜挂饰或帽子，都能让他们化身"行走的蔬菜"，充分诠释"我今天是某某蔬菜"的趣味设定。

活动最后，幼儿可用带来的图书交换新鲜蔬菜，再将蔬菜装入自制纸袋带回家，与父母一同烹饪美味佳肴。在生活实践中，孩子们能更深刻地体会阅读与实践的紧密关系，收获知识与欢乐。

15 个蔬菜摊位，15 本蔬菜绘本，15 种蔬菜，一场别开生面的"以书换'蔬'"活动热烈地进行着。营造一种教育环境，践行一种教育行为。活动现场，孩子们自由、愉悦、专注地寻找着目标，像极了逛菜市场，现场满满的烟火气。

这里有"孩子王"们在演绎故事。

那边有孩子们在吆喝："换茄子啦，这里可以用书换茄子啦！""我们的摊位是西蓝花先生的理发店，这是一个很时髦的西蓝花，一本书可以换一个大西蓝花，还能赠送一个茄小弟！"……

一时间，各个摊位的摊主吆喝起来，非常认真。孩子们勇敢地、大声地、面带笑容地拿着话筒介绍道："这里是茄子蔬菜摊位，茄子的营养很棒，茄子含有蛋白质、维生素，还含钙啊，吃了会长高。""这里是西蓝花先生的理发店蔬菜摊位，你们知道西蓝花长在地里是什么样子的吗？它在地里是一个孤单的西蓝花，还是有叶子包裹着的呢？猜中了直接送一个西蓝花哦！"……各具特色的吆喝声此起彼伏，还有讨价还价的，真有趣，像极了农村赶集的景象。

孩子们饶有兴趣地穿梭在各个摊位间，欣赏着摊位的设计，仔细观察着各种蔬菜。他们通过逛、看、选、闻、问等方式，开启了一场以"以书换'蔬'"之旅。这种创设真实情境的游戏活动，让孩子们以往积累的生活经验得到充分巩固与发挥。

设计一款属于自己的牛皮纸袋或"菜篮子"来打包换到的蔬菜，是"以书换'蔬'，'阅'享生活"活动现场每个孩子必备的本领。在透明自封袋上，孩子们贴上贴纸或剪一个自己喜欢的图案粘上，它立马变成了独家自封袋；在网兜上设计一个自制标签，让它盖上属于自己的印章；在打包盒上设计一个大小宽窄不同的、美美的封条名帖；用包装纸包一束蔬菜花束，给蔬菜穿上自己设计的"打包衣"……

忙着设计包装袋的孩子们，专注力十足。即使时间到了，"菜场"要关门了，他们依然沉浸在其中不愿离开。

大班老大们还有一个特别行动，需要和小伙伴一起合作完成春耕种子的找寻任务。完成"以书换'蔬'"后，孩子们把蔬菜装进自制的纸袋中带回家，和爸爸妈妈一起做美味佳肴。在这个过程中，孩子们担任厨师助理，参与洗菜、切菜、端菜、分享菜品等环节。这种全程体验，正是我们所倡导的教育理念"让幼儿在真实环境中游戏"的生动体现，也彰显了此次活动的主旨——"通过活动，让孩子们在生活实践中更深入地理解书与生活实践的关系"。

　　有个原本不吃西蓝花的孩子，在活动中换到了西蓝花，还和家人一起将其做成了美味菜肴。第二天来园时，这个孩子兴奋地说："老师，有一件奇怪的事情发生了——昨天的西蓝花特别好吃！"通过现有的任务卡提示，小组成员共同商量，在现场的 15 个蔬菜摊位间大胆问询，每个小组在规定时间内都找到与任务卡匹配的相应数量的春耕种子，并且在后续的"以书换'蔬'"、打包蔬菜等环节中，保管好找寻到的种子。这些春耕种子随后将由孩子们播种在种植园地中。

　　"请问您这儿有 ×× 种子吗？"每一个老大都跃跃欲试，非常积极。

　　完成"以书换'蔬'"并打包好蔬菜后，孩子们三五成群，自主选择蔬菜摊点，聆听老师讲述关于蔬菜的绘本故事，和老师一起探寻各种蔬菜的秘密。

　　孩子们还可以翻阅一下伙伴们用来换蔬的图书。

首先，阅读活动不是一种孤立的教育活动，而是已经深度融入依霖幼儿的日常生活。幼儿与生俱来的好奇心和认知兴趣，是他们心智发展的原动力，我们只要深入接触、认真观察、深刻了解他们已有的经验基础和原有的认知结构，就不愁找不到"阅读与生活"的关联，就不难激发其内在的阅读动机。让阅读与生活实践相融合，在各个活动与不同时段之中，为孩子们搭建阅读平台，提供阅读机会，使他们的阅读动静交替，实现从"不愿意读"到"愿意读"、从"被动学"到"主动学"的转变，开启一扇"幼儿自然而然阅读"的大门，让阅读更具生活气息。

如在"以书换'蔬'，'阅'享生活"活动启动后的"摊位设计"环节，各班基于前期对蔬菜绘本的深入挖掘，让孩子参与摊位设计，其价值及意义是毋庸置疑的。摊点具体应该怎么设计？如何结合各班蔬菜绘本把摊位重点内容表现出来，用什么方式呈现？摊位设计如何既满足蔬菜摊位的展示需求，又能创设书与故事的大场景？带着这些问题，我们与幼儿商议、讨论，梳理幼儿的"金点子"，将其运用于摊位环境创设中，带领孩子们现场布置，询问幼儿的想法与建议，让幼儿成为活动主体，充分发挥幼儿的主体作用，借此激发幼儿参与活动的兴趣与内驱力。

其次，游戏最符合幼儿的年龄特点和心理特点。游戏是幼儿最喜欢的活动，也是幼儿最自然、最有效的学习方式。著名儿童教育家陈鹤琴先生曾说："小孩子很少空着手玩，必须有许多玩的东西来帮助，才能满足玩的欲望。"我们认为阅读也应寓于真实的生活游戏活动中。"以书换'蔬'，'阅'享生活"活动通过创设真实情境，将整个园所变成了一个超大的"蔬菜市场"，孩子们既是买主也是卖主，在孩子们已有经验的基础上用多种活动串联，以真实生活游戏的形式，激发幼儿的求知欲，从而调动幼儿学习的积极性、主动性、创造性，使幼儿对阅读产生更多兴趣，让他们更深刻地感知生活与阅读的关系，引导幼儿在玩中学、学中记，体现生动活泼、趣味多样的特点，让阅读更具游戏性。

最后，老师通过各种方式将幼儿已有的知识进行再现与联结，以此架设阅读与生活之间的桥梁。活动中，各班围绕一个具体的问题创设"书与蔬"的情境，通过绘本解答问题，引导幼儿通过生活实践深挖生活经验，在解决问题的过程中习得蔬菜的知识，然后将生活与阅读再联结。让幼儿像侦探一样去阅读，在真实生活的问题情境中发展一系列生活经验。在整个过程中，幼儿兴致勃勃，学习效果水到渠成。

陈鹤琴先生说："凡儿童自己能够做的，应当让他自己做；凡儿童自己能够想的，应当让他自己想。"只有动手做，才能获取直接的经验，认识事物的性质。我们相信，在陈鹤琴先生"活教育"思想指导下，这种与生活紧密结合的阅读，一定能让孩子更加喜欢阅读，一定能让阅读更加生活化和游戏化。只要我们有耐心、持之以恒地将阅读活动融于幼儿生活中，恰当地引导孩子，孩子就一定能在阅读中吸收生活经验，掌握生活技能，习得生活能力。

蔬菜绘本《西兰花先生的理发店》

菜摊从以西蓝花为主角的绘本故事中汲取灵感，把绘本立在桌面上，将戴上墨镜的西蓝花和花椰菜化作"菜娃娃形象"摆在一旁，再点缀一些茄子、番茄等亮色蔬菜，把绘本里的场景与新鲜蔬果巧妙融合，让整个菜摊充满童话趣味。

蔬菜绘本《青椒的梦想》

大小不一、形态各异的青椒与色彩绚丽的彩椒满满当当地盛在竹编小篮里，翠绿、嫩黄、艳红相互映衬，如同打翻了的调色盘。辅以师生共同创作的青椒卡通形象，《青椒的梦想》绘本主要角色与菜摊创意设计被完美结合，童趣十足。

蔬菜绘本《自信的胡萝卜》

以胡萝卜造型打造的镂空车身牌匾高悬，橙红的"车身"上贴着几个萌趣的大字——"自信的胡萝卜"，仿若要载着故事启航。桌上胡萝卜、白萝卜堆叠成小山，鲜绿芹菜斜倚其间，恰似田野风光。

蔬菜绘本《卷啊卷 卷心菜》

你是否好奇，为什么叫它"卷啊卷，卷心菜"？卷心菜小时候就是卷的吗？紫甘蓝和卷心菜是亲戚吗？还有哪些蔬菜也是卷起来生长的？想揭开卷心菜的神秘面纱，就来"卷啊卷 卷心菜"蔬菜摊位，寻找这些问题的答案吧！

蔬菜绘本《油亮亮的茄子》

牛皮纸袋上绘制着各种表情和形态的茄子，袋中装着长条茄子与圆形茄子，搭配绿色的丝瓜和莴笋，再配上《油亮亮的茄子》等绘本，一眼就能看出这是探索茄子的蔬菜摊位。

蔬菜绘本《南瓜的旅行》

南瓜凭借香甜的口感、憨态可掬的外形，深受孩子们喜爱，无论是品尝、观赏还是动手创作，孩子们都兴趣十足。精彩的南瓜旅行故事，更是以新颖的情节，为孩子们搭建起想象的舞台。孩子们热衷于这个故事，还因为他们会在想象的世界里化身小小故事家，不断创编后续情节，让南瓜的奇妙旅程永不停歇。

蔬菜绘本《一园青菜成了精》

当各色蔬菜"变身"创意装饰，摆满整个摊位，你能叫出多少种蔬菜的名字？在这里，每一种蔬菜都仿佛有了生命，正在上演着奇妙的故事。想探寻蔬菜世界的趣味奥秘，就来"一园青菜成了精"绘本摊位，开启一场蔬菜的认知之旅，解锁蔬菜们更多的奥秘吧！

蔬菜绘本《爱吃青菜的鳄鱼》

凶猛的鳄鱼也爱吃青菜？它爱吃哪种青菜？它有着怎样独特的性格和故事？好奇心已经被勾起了吧？快来"爱吃青菜的鳄鱼"绘本摊位，拨开迷雾，揭开关于这只鳄鱼的奇妙真相！

蔬菜绘本《爱读书的圆白菜》

圆白菜向来安静生长在菜园里，谁能想到它竟会捧着书本痴迷阅读？这颗爱读书的圆白菜，在书页间遇见了怎样的奇妙世界？它的"书虫"模样又有多可爱？带着满肚子的好奇，快奔赴"爱读书的圆白菜"绘本摊位，与这位特别的"阅读达人"相遇，解锁蔬菜与知识碰撞出的精彩故事吧！

蔬菜绘本《玉米的长头发》

玉米这"长头发"仅仅是装饰吗？它藏着玉米生长的哪些小秘密？在玉米成熟的过程里，这些"头发"又扮演了怎样的角色？如果你也对玉米独特的"发型"充满好奇，就快来"玉米的长头发"绘本摊位，揭开这些毛茸茸"长发"背后的奇妙故事吧！

蔬菜绘本《害羞的西红柿》

好奇害羞的西红柿背后的故事吗？它是天生如此，还是经历了什么？在它成长过程中，又有着怎样奇妙的转折？想一探究竟，就快来"害羞的西红柿"绘本摊位吧！在这里，你将走进害羞的西红柿的内心世界，感受它的忐忑与成长，收获温暖与勇气。

依霖自 2023 年 4 月启动"悦读 · 越爱 · 阅成长"亲子阅读打卡活动，所有在园孩子和他们的爸爸妈妈都积极参与其中。他们每天坚持阅读并做好阅读记录，这让阅读课程不再仅仅停留于表象的阅读层面，而是真正融入孩子们的日常生活。孩子们逐渐爱上阅读，养成阅读习惯，感受阅读的魅力，并在亲子陪伴中获得阅读带来的乐趣、力量与成长。

教育是一个慢过程，一种习惯的养成，需要在每个日常中逐步积累。每一天的记录都承载着孩子们的成长，只有一天又一天地坚持，才能见证成长之后教育效果的最大化延续。

2023 年 9 月依霖"悦读 · 越爱 · 阅成长"亲子阅读打卡记录纸正式升级为记录册。

－在 2024 年的亲子阅读打卡记录过程中，哪些依霖宝贝做到了"持之以恒"？

－有多少依霖家长在陪伴孩子成长的过程中"坚持到底"了？

－依霖又为孩子们循序渐进地拓展了哪些基于阅读展开的平台或机会呢？

阅读记录纸升级成漂亮的阅读记录手册，孩子们爱不释手，阅读情绪进一步高涨。

尊重孩子们自己的意愿，让他们用自己喜欢的方式，记录每日绘本阅读中喜欢的主人公和故事情节。

教育有显性和隐性两大功能。默顿提出："显性功能是主观目标与客观目标相符的情况。隐性功能与显性功能相对，指这种结果既非事先筹划，也未被察觉到。"尤其是在学龄前幼儿学做人、学生活、学学习的过程中，隐性教育功能体现得更为突出。所以，我们常说教育是一个持续发展的过程，具有延迟性特质。古人还说："三岁看大，六岁看老。"

"依霖人"很早就提出了"浸透式"教育理念，后来又提出"沉浸式"教育理念。我们认为用"浸透式"方式开展学前儿童教育更为合理。从词意解释来看，"沉浸"是指全神贯注地投入某一个情境或活动中；而"浸透"的词意解释为渗入、沉浸、渗透、融入，更具双向互动含义。我们更倾向于双向互动式学习。幼儿就像一块海绵，将其投入水中立刻就会产生吸和渗的互动状态，而不只是单方面吸收或投入。

依霖亲子阅读活动运用"浸透式"互动方式，营造出师生互动、亲子互动、家园互动、生生互动的阅读氛围。

"依霖人"将"浸透式"教学方式运用到"悦读·越爱·阅成长"阅读系列活动中，设计了阅读记录手册。手册每一页的上方都有与阅读相关的经典短句，这些短句既引导家长重视阅读并坚持下去，也通过家长向幼儿传达"阅读是人生中很重要的一件事"的理念。在这种无声胜有声、潜移默化的浸透下，依霖幼儿如同海绵一般，在愉悦、轻松、无压力的环境中充分吸收知识，积聚正向能量。

幼儿园除了绘本阅读，没有识字与写字的教学课程，但我们无法回避在幼儿生活环境里文字无处不在的事实。比如，幼儿生活的家庭里有书有文字，幼儿玩的玩具上有文字，走到街道上，处处有文字，电视机里有文字，商场里有文字，马路上有文字，就连天黑后亮起的霓虹灯上也有文字。

曾经我们遇到一个小班幼儿，他居然会读报纸，他的爸爸妈妈也十分惊讶："我们没有教过他识字。"后来了解到他们一家吃饭时会在桌子上铺上报纸，以免弄脏桌子。孩子出于好奇，边看边吃，边吃边问，就这样潜移默化有了识字的内驱力。

我们还遇到过一个孩子，他和爷爷奶奶住一起，中班时突然认识很多字，家人惊讶至极，问这些字是谁教他的，孩子回答："电视机。"

我们真的不能低估幼儿自我学习的内驱力。幼儿在 0~6 岁早期教育阶段，自我提高的内驱力最为突出。内驱力能促使幼儿通过自身努力，不断进步。在依霖混龄教育中，我们针对如何催生幼儿内驱力展开研究，结论是抓住不同年龄段孩子各自的学习特点最为关键。经过十几年反复研究，依霖得出规律：老三呈现"跟随模仿式"学习；老二呈现"吞吐式"学习；老大呈现"反刍式"学习。

在混龄教育模式中，每个幼儿都要历经三年的螺旋式上升过程，他们都有机会扮演三个不同角色，这就为其创造和提供了更大的学习平台，激发了他们学习的内驱力。大孩子总喜欢在弟弟妹妹面前展示自己最好、最能干的一面；而小小孩知道总有一天自己也会当哥哥姐姐，所以在敬佩大孩子的同时，也积极跟随模仿，以哥哥姐姐为榜样。从混龄班级走出来的孩子眼睛仿佛会说话，他们有更多机会充分利用感官去感受周围发生的一切，并身体力行地参与其中。

在模仿爸爸妈妈记录书名的过程中，在小伙伴们做同一件事的相互影响下，在"孩子王"们的鼓励下，幼儿饶有兴趣地尝试文字书写。从"你要我写"到"我想写"，这种化被动为主动的意识觉醒，是哪怕"绕点路"我们也要坚持的方向。教育便是如此！

首先要让幼儿自己愿意尝试，激发兴趣之后，我们所期望的教育行为往往蕴含其中。正因为这是幼儿发自内心的"想要"，而非老师和家长一厢情愿的"给予"，所以从中所获得的教育成效才能达到最大化。

阅读记录的方式多种多样。小年龄段孩子们并未因为年龄小而放弃，他们也用自己稚嫩的方式坚持每日的阅读记录。爸爸妈妈们在陪伴的过程中也一点不含糊，坚持帮助宝贝们把阅读过的绘本名称记录下来。

每月推荐一本自己最喜欢的绘本，用图画的形式记录下来，在班上与小伙伴们分享，这样做能为幼儿提供交流展示的平台。阅读不仅能发展语言表达能力，还有情感激发的作用，如激发幼儿在集体面前敢说、愿讲、乐表达的意愿。

纯文本记录

符号贴纸记录

图文记录

① 亲子故事盒子制作

② 绘本故事盒子墙面展示

③ 故事小达人故事录制中

有付出就有收获。孩子们不仅获得了全方位的成长，还在坚持中开拓了新的平台。在爸爸妈妈的帮助下，孩子们把自己最喜欢的故事绘本做成一个故事盒子，并向小伙伴们介绍"我的故事盒子"。

幼儿在爸爸妈妈的协助下，将每月推荐的绘本通过绘画和手工制作的方式做成"立体故事"，带到依霖小苑与伙伴们一起分享，并将它们装点进幼儿园"绘本故事盒子"墙面环境。

故事盒子的展示平台，增加了亲子陪伴的时间，提供了交流分享的渠道，也为幼儿提供了自信展示作品的空间。幼儿自信心、交往能力等的培养都蕴含其中。相信这会成为激励孩子们阅读，促使他们坚持阅读的一股小小动力。

每个孩子都是天生的梦想家，他们的脑海中装满了奇思妙想。在"悦读·越爱·阅成长"亲子阅读过程中，为了给孩子们提供一个展现自我的舞台，我们特别开展了幼儿园小朋友故事录制活动。孩子们可以带着每月推荐的绘本踏上奇妙的表达之旅，用稚嫩又真挚的童声讲述自己喜欢的故事，与"依霖人"共同分享。

除此之外，孩子们还可以在自己的班级、年级组或者幼儿园进行实地讲演，推荐自己喜欢的绘本，收获自信和勇气。

教育便是如此，家园同步，抓住每一个可以为孩子们拓展的机会，为孩子们打开一片天，而不仅仅是一条路。

教育也好，阅读也罢，做任何一件事情要持之以恒都是极为不易的。在未来的亲子阅读打卡记录中，随着持续不断的时间叠加，"坚持"只会越来越难。在教育这块土壤中陪伴孩子成长的"孩子王"们，更需要具备坚定不移的定力、耐心和热情。

"以书换蔬"搭建起知识与生活的桥梁，让孩子们在这方小天地，共享阅读与收获的喜悦。

■ 教师劳动的特征是创造。创造不是外在的创造，它首先是自我内心的创造。

■ 教育有趣才有效，有趣是儿童自发的，有效是教师引领的。

■ 依霖「孩子王」们把爱藏进了孩子心里／笑脸里／快乐里／幸福里／成长里／希望里。

■ 让孩子们在成长过程中与自然和谐共处，在学习与探索中领悟生命之道，彰显生态智慧，真正实现教育的多元共生与可持续发展。

小苑里的节日密码

Diary of Yilin Courtyard

带侬兜兜阿拉上海庙市，阿拉上海囡囡－老嗲额！
（带你们逛逛上海庙会，我们上海小孩－很可爱！）

焕然"依"新，"庙"不可言

依霖第七届中国传统文化节迎新年主题活动

思路

　　逛庙会又称逛庙市，有着悠久历史。在幼儿园举办庙会主题活动，对幼儿成长、家园互动和文化传承具有深远意义。当孩子们把庙会的欢乐体验与所学所得带回家，会带动家庭成员重视传统文化，进而形成文化传承的良性循环，为社会文化繁荣添砖加瓦。

　　依霖每年都会在迎新年之际举办中国传统文化节，每年围绕不同主题（如非遗、二十四节气等），以庙会集市的形式展开，带领孩子们深入感受多元的中国传统文化。上海庙会涵盖民俗文化、传统民间集市、日用小商品交易、工艺品展示以及美食体验等主要内容。在庙会发展过程中，衍生出众多传说故事、诗词以及俗语，这些作品的出现，既说明了上海庙会在民众生活中占据重要地位，又体现出其强大的影响力与辐射功能。依霖的孩子们已参与过很多届中国传统文化节，知道庙会的主要形式和重点内容，也感受过庙会的热闹氛围。然而，他们生活在上海，还需要更加深入地了解上海这座城市的历史和文化底蕴。因此，依霖第七届中国传统文化节以上海庙会为切入点，还原老上海的真实场景，让孩子们在真实情境中自然地感知上海的特色文化、特色景点、特色美食等，领略浓郁的老上海风情，感受过年的热闹氛围！

目标

· 创设具有上海特色的场景，让幼儿感受上海的历史文化。

· 幼儿与教师共同策划，自主参与，在逛庙会过程中感受过年的氛围。

实录

依霖精心筹备的第七届中国传统文化节——"焕然'依'新，'庙'不可言"盛大开启！看，现场有 10 多个精心布置的摊位，每个摊位都藏着不一样的上海味道。希望孩子们在这些摊位间穿梭体验时，能领略到中国不同地域年味的独特魅力，在心底种下热爱传统文化的种子。

现在，让我们一同开启这场充满欢乐与惊喜的年味之旅吧！

这次活动以独具海派风情的上海三大地标为蓝本，将 1 至 3 楼的三条走廊巧妙打造成南京路步行街、七宝老街、上海城隍庙的模样，为孩子们搭建了一座穿越时空的海派文化桥梁。

踏入一楼的南京路步行街，孩子们仿佛置身于繁华的都市核心。"百货商店"里摆满了琳琅满目的小物件，"美食摊"上飘出的香甜气味，引得孩子们垂涎欲滴。他们兴奋地穿梭在摊位间，挑选着心仪的小礼物，品尝着上海的特色美食，感受着南京路步行街的热闹与繁华。

"沈大成"糕点

在依霖精心打造的中国传统文化节之"上海庙会"里，有一处格外温馨的角落——"沈大成"糕点铺。这家老字号糕点铺，仿佛把老上海的甜蜜记忆原汁原味地搬到了幼儿园。复古的招牌，整齐摆放着的各式糕点，无不散发着浓浓的海派风情，勾动着孩子们的好奇心。

孩子们像一群欢快的小鸟，叽叽喳喳地围在了"沈大成"糕点铺前。他们眼睛瞪得大大的，小手指着那些琳琅满目的糕点，互相分享着自己的发现。有的孩子凑到糕点前，使劲嗅着香甜的气味，脸上洋溢着幸福的微笑。在老大的带领下，"一家人"有序地挑选着自己心仪的糕点，小心翼翼地拿在手里，轻轻咬上一口，软糯香甜的滋味瞬间在嘴里化开，满足的笑容绽放在他们稚嫩的脸庞上。

吴淞路邮局

快来看，这就是"吴淞路邮局"，在上海，它可是很重要的存在。每天都有好多好多信件从这里出发，去到上海的角角落落，甚至全国各地。它就像一个超级大的"信件魔法站"，把大家满满的祝福、思念都打包，送到收信人的手中。

一进入邮局，孩子们就被桌上那五颜六色的明信片所吸引，纷纷挑选起自己心仪的明信片。选好后，孩子们便迫不及待地趴在桌子上，拿起画笔，认真地写起了祝福的话。有的孩子用稚嫩的笔触画了一幅全家福，旁边写着"爸爸妈妈，我爱你们"；有的孩子则画上了自己和小伙伴们玩耍的场景。写好的明信片被孩子们小心翼翼地贴上邮票，投进了邮筒。那一刻，他们脸上洋溢着纯真的笑容，仿佛投递的不仅仅是一张明信片，更是自己对新年的美好期待和对身边人的深深祝福。

老凤祥

"老凤祥"饰品摊位前也十分热闹。孩子们一来到这里，就被展台上样式各异的饰品吸引住了，"哇，好漂亮呀！"一个小女孩指着一条黄金项链惊叹道。还有的孩子被珍珠饰品吸引住了，轻轻抚摸着那些圆润的珍珠，感受着它们的温润。互动中，孩子们不仅欣赏了美丽的饰品，还了解到了许多关于珠宝的知识和文化，同时还能动手为自己制作一个新年香囊。挂上自己亲手制作的香囊，他们脸上洋溢着满足和快乐的笑容。

上海第一百货

老上海人亲切地称"上海第一百货"为"市百一店""中百一店"。它坐落在繁华的南京东路 830 号，1949 年 10 月成立，是新中国成立后首家国营百货商店，也是中国首家装置自动扶梯的百货商店。

孩子们在"上海第一百货"摊位前东瞧瞧、西看看。几个小女孩径直跑到文具区，拿起毛毛球画笔和图案精美的笔记本，眼睛里满是喜爱。"我要把这个本子带回家，用来画画。"一个小男孩紧紧握着本子说道。旁边的小男孩们则被各式各样的玩具所吸引，一边说着自己喜欢的玩具，一边乐开了花。

上海第一食品

"上海第一食品"摊位里弥漫着诱人的香气，这香气瞬间抓住了孩子们的心。有些孩子被色彩斑斓的糖果区吸引，他们在糖果柜前挑挑选选，一会儿拿起这个，一会儿又看看那个，难以抉择。"我要两个这种小熊形状的软糖，我一个，剩下的一个给我们小老三。"……在品尝美食的过程中，老师还会给孩子们介绍这些上海特色美食的故事和制作方法，孩子们一边吃，一边好奇地听着，时不时提出问题。摊位前充满了欢声笑语，孩子们在这个小小的"上海第一食品"摊位前，感受着上海美食的独特魅力。

二楼的上海城隍庙则弥漫着浓浓的民俗气息。这里不仅有精彩的皮影戏表演和大戏院表演，还有各种传统游戏，如踢毽子、跳皮筋等，孩子们玩得不亦乐乎，欢笑声回荡在整个走廊。

上海大戏院

　　上海大戏院始建于 1928 年，承载着近百年的海派文化记忆。它坐落于上海的繁华地段，建筑风格融合了欧式的典雅与中式的精巧，独特的外观使其在上海这座城市中独树一帜。从传统的越剧、沪剧，到充满时代气息的话剧、歌舞表演，上海大戏院见证了无数艺术的高光时刻，培育了一代又一代的文艺爱好者，是海派文化传承与发扬的关键地。

　　依霖的"上海大戏院"在一片欢腾中揭开神秘面纱。孩子们排着队走进这座充满艺术气息的"大戏院"。一进门，小巧的舞台便吸引了所有孩子的目光，五彩的幕布、精致的道具，一切都那么新奇。"哇，这里好像真的剧院呀！"孩子们忍不住惊叹道。孩子们身着各式各样的传统服饰，跟随着欢快的音乐，开启了一场别开生面的走秀，他们自信满满地走上"T 台"，时不时地摆个可爱的造型，引得台下的小朋友们笑声连连、掌声不断。

"老灵额"皮影戏

"老灵额"皮影戏是上海庙会中极具魅力的非遗瑰宝，承载着几代人的童年回忆。它的起源可追溯到民间古老的光影艺术，经岁月沉淀，融入了海派文化的独特韵味。皮影由驴皮或牛皮精心雕刻而成，线条细腻流畅，色彩明艳动人，人物造型生动夸张，无论是威风凛凛的武将，还是温婉秀丽的佳人，都栩栩如生。

"老灵额"皮影戏的戏台前围满了孩子，随着一阵热闹的丝竹声响起，白色幕布上光影变幻，皮影戏开场了。表演结束后，孩子们迫不及待地来到后台，想要学习皮影戏。他们学得津津有味，在体验中感受了皮影戏的魅力，也为新年庙会增添了别样的欢乐与文化气息。

"蛮灵格"剪纸

还有极为吸睛的"蛮灵格"剪纸创设摊位，五彩斑斓的剪纸作品在这届庙会上闪烁着艺术的光芒。其中形态各异、憨态可掬的生肖形象尤为夺目，每一幅剪纸都展现着传统文化的独特魅力。这些剪纸不仅是精美的艺术品，更是传承文化的桥梁，引得孩子和家长们纷纷驻足欣赏。

孩子们坐在桌前，小手紧握着剪刀，专注地投入到剪纸创作中。孩子们一边剪，一边交流着自己的想法，欢声笑语回荡在整个剪纸区，传统文化的种子就这样在他们幼小的心灵中悄然种下，生根发芽。

"好白相" 游戏

踏入"好白相"上海弄堂游戏创设之地，宛如走进了老上海弄堂。这里还原了各种弄堂游戏，墙上张贴着详细介绍滚铁环、打弹珠、跳橡皮筋、造房子等游戏玩法的图文海报。一旁摆放着制作精美的游戏道具，铁环、弹珠、橡皮筋，每一样都散发着独特的吸引力，勾起大家对弄堂生活的美好遐想，让人迫不及待想参与其中。

孩子们一来到"好白相"游戏区，都跃跃欲试，有的拿起铁环开始尝试；有的跳着橡皮筋，嘴里还念着充满节奏感的童谣；还有的和几个小伙伴正蹲在地上打弹珠，他们聚精会神地盯着弹珠，小手熟练地弹出弹珠，精准地击中目标，引来周围小伙伴们的阵阵欢呼。

"老好吃" 糖水

"老好吃"糖水铺是一个神奇的摊位，它让所有孩子为之驻足。桌上摆放着许多颇具年代感的大搪瓷缸，上面印着鲜艳的大红花或 "星星之火，可以燎原"等字样，瞬间把人拉回20世纪80年代的上海弄堂。盛着红豆沙、双皮奶、酒酿圆子的大桶整齐排列着，每一碗糖水都散发着诱人的甜香，让人垂涎欲滴。

孩子们围在糖水铺前，眼睛瞪得圆圆的，好奇地打量着这些充满年代感的物件。当老师把冒着香甜气息的糖水倒入大搪瓷缸时，孩子们便迫不及待地接过缸子，学着大人的样子，双手捧着，喝上一口……大家一边喝着糖水，一边交流着彼此的感受，让这个充满海派风情的角落更加热闹温馨，也让孩子们在品尝甜蜜滋味的同时，感受着老上海的独特韵味。

沿着楼梯拾级而上，便来到了充满古韵的依霖"上海七宝老街"。古色古香的"上海七宝老街"上，传统手工艺品摊位一字排开。孩子们围在捏面人艺人、糖画师傅身边，目不转睛地看着他们展示精湛的技艺，惊叹声此起彼伏。亲手写一个"福"字，设计一件"宝大祥"服装，成为孩子们难忘的新年记忆。

"拗造型"泥人

不远处，捏面人艺人的摊位前围满了孩子。艺人的双手仿佛被赋予了魔力，只见他手指轻动，彩色的面团在他手中快速变换形状，眨眼间，一个个面人的雏形便出现了。孩子们一个个眼睛瞪得大大的，嘴巴张成"O"形，不时发出"哇"的赞叹声。有的孩子忍不住踮起脚尖，想要凑近看个究竟；还有的孩子拉着小伙伴的手，激动地说："你看你看，马上就捏好啦！"

"老嗲额"糖画

这里的糖画作品，件件都是甜蜜的艺术品。糖画师傅将熬制得恰到好处的糖液盛在勺子里，手腕轻转，勺子倾斜，糖液丝丝缕缕地流淌在光洁的大理石板上，或粗或细，或急或缓。不一会儿，一条活灵活现的巨龙便跃然"板"上，龙身蜿蜒曲折，龙须根根分明，鳞片排列整齐，仿佛下一秒就要腾空而起；还有可爱的小兔子，耳朵长长的，萌态十足。这些糖画不仅造型精美，还散发着香甜的气息，引得孩子们垂涎欲滴。

"宝大祥"花布

宝大祥创立于 1925 年，是上海绸布行业响当当的老字号。宝大祥不仅售卖花布，还设立成衣部、顾绣部等，代客定制加工服装和刺绣用品，是老上海人记忆里不可或缺的一抹色彩。

你看，依霖"宝大祥"花布摊位前的孩子们，被花样百出的花布吸引住了。他们时而摸摸布料，感受它的柔软，时而听老师讲起以前的人们用花布做衣服、做床单被罩的故事。有的孩子被传统的蓝印花布吸引，看着上面精美的图案，好奇地问老师这些图案的含义。在逛花布摊位的过程中，孩子们还挑选出自己喜欢的花布，和小伙伴们分享自己的想法。

沪上书院

在这场充满年味的"上海庙会"里，还有一处散发着浓郁文化气息的角落——"沪上书院"。它巧妙地复刻了上海传统弄堂里雅致的书斋，木质书架上摆满了各式各样的书写工具。它们静静地诉说着上海的传统文化故事，是传承海派文化的小小摇篮。

一群身着传统服饰的小朋友们蹦蹦跳跳地涌入"沪上书院"。他们围坐在古朴的书桌前，拿起桌上摆放着的笔墨纸砚，开始学描"福"字，学得有模有样。孩子们在这里，通过图书、书画、手工，沉浸式地感受着海派文化的魅力，欢声笑语与浓厚的文化氛围交织在一起，为新年庙会增添了一抹别样的色彩。

"咪道好"馄饨

　　"咪道好"馄饨摊前特别有烟火气息，大门前写着充满上海韵味的"咪道好" 3 个字，摊位前张贴着老上海风格的海报，让人仿佛穿越回了老上海的街头。桌上摆放着新鲜的馄饨皮、色泽诱人的馅料，还有各种包馄饨的工具。小朋友们围在馄饨摊前，激动不已，纷纷想要尝试包馄饨。瞧，他们有模有样地拿起馄饨皮，舀上一勺馅料放在中间，然后学着包馄饨。在这里，还可以吃一碗热气腾腾的馄饨，因为自己参与了包馄饨，孩子们吃得分外香。

大白兔糖果

　　"大白兔"糖果铺像个梦幻又充满甜趣的小世界，铺子以清新蓝白为主色调，还原了老上海糖果店的样子。孩子们凑到展示区，手指着不同包装，叽叽喳喳地讨论开来。"看，这只兔子好可爱，和我家的不一样！"换购环节，孩子们攥着自己的"庙会小银票"，排着队，小脸上写满期待。

此次中国传统文化节迎新年大活动，以"上海庙会"为主题，具有深远而丰富的意义。它的举办是依霖教育理念的生动实践，体现了依霖对传统文化教育的重视，丰富了文化内涵。活动中融入上海地方特色元素，体现了教育的本土化与多元化，有助于培养具有本土文化根基和广阔国际视野的未来人才。

对于幼儿而言，在传统韵味与海派风情交织的庙会氛围中，通过亲身参与各类民俗活动，如制作糖画、猜灯谜等，能直观地感受中国传统文化的魅力，从小培养对传统文化的兴趣与热爱，激发民族自豪感。幼儿在参与游戏、品尝特色小吃等过程中，锻炼了社交能力、动手能力和认知能力，促进了全面发展。在这场别开生面的"上海庙会"主题活动中，孩子们通过亲身体验，感受到了海派文化的独特魅力，在心中种下了传承中华优秀传统文化的种子。这不仅是一次迎新年的庆祝活动，更是一次意义非凡的文化之旅，让孩子们在欢乐中寻根溯源，感受传统与现代交融的美好。

从社会层面看，此次活动以庙会这一传统形式为载体，传播和弘扬了中华优秀传统文化，吸引了社会对传统文化教育的关注。通过幼儿这一群体，带动家庭乃至整个社会对传统文化的重视与传承，为营造良好的社会文化氛围贡献了一份力量，有助于推动中华优秀传统文化的创造性转化和创新性发展。

糖葫芦的山楂咬一口嘎嘣脆、酸酸甜甜，糖衣粘在嘴角变成小月牙，
庙会的灯笼都在夸我是最甜的小福娃！

我们的自画像挂在树枝上，风一吹就和树叶宝宝手拉手跳舞，以后每天都要来看它会不会长高！

"植"抵人心

依霖 3·12 植树节特辑

思路

　　喜欢自然是幼儿的天性。春天是万物复苏的季节，正是孩子们亲近大自然的好时机。借助每年 3 月 12 日植树节的契机，带领孩子们走出教室，走进大自然，已经成为依霖社会性实践课程中的必修课。

　　《幼儿园教育指导纲要》中指出：引导幼儿接触周围环境和生活中美好的人、事、物，丰富他们的感性经验和审美情趣，激发他们表现美、创造美的情趣。植树节年年有，启蒙孩子们保护树木绿地等的意识，可以通过不同方式来达成。借助植树节为依霖小苑的大树装扮一番，不仅能实现植树节应有的教育意义，还能培养孩子们的审美能力和创造力，能够为孩子们营造快乐的氛围，提供自由的空间。幼儿在装扮树木的过程中，能加深视觉印象、提高探究兴趣、提升观察力、锻炼手眼协调能力、丰富想象力与创造力，不断增强对自然及美好生活的感知能力。

目标

· 自然即教育，植树节的意义在于启蒙幼儿保护树木绿地、保护环境的意识；让幼儿了解人与自然在地球上共存的依存关系。

· 让幼儿观察树的形态，发挥丰富的想象力和创造力，运用已有经验大胆提出装扮的想法，并敢于尝试对树进行装扮，感受自然之美。

· 让幼儿和小伙伴一起协商讨论并选择要装扮的树或装扮材料，仔细、耐心、积极地参与树的装扮探究，体验装扮树的乐趣。

实录

　　迎着和煦的春风，沐浴着温暖的阳光，春天正一步步向我们走来。每年在这春和景明、春意盎然的季节里，依霖孩子们都期待植树节的到来。

　　植树节年年有，如何才能年年出新意，次次有不同，始终保持新鲜感呢？今年的植树节，依霖小苑里的孩子和"孩子王"们与大自然进行了一次亲密"对话"。"孩子王"以"我的班级我做主"的形式，组织孩子们围绕植树节展开了讨论，孩子们脑洞大开，积极主动地利用过去的认知经验，把自然界中的一石、一绳、一瓶、一画、一果实、一轮胎等自然物与废旧物都运用其中，每班都用其独特的方式解锁了"不一样的植树节"活动。

大树小树秒变树娃娃。我们在依霖小苑里认领了一棵树，"家人们"想给大树穿上新衣裳。怎么装扮？用什么来装扮呢？将日常"零废弃·创美好"中收集的废旧家当挑挑拣拣，再根据想要的设计定向收集，在前期做足准备。日常收集的废旧物被孩子们变成了装扮树木的素材，依霖小苑里的树木在我们的装扮下会变成什么样呢？

今天，我们一起让依霖小苑里的树宝宝集体变一个样。我们把从家里带来的废旧衣物给树宝宝穿上，用从回收箱里找来的包装袋、彩纸、扭扭棒等和家人一起给大树小树穿上新衣裳，编个小辫子，化个美美的妆，感觉真棒！

奇妙画布大创作。"好想把依霖小苑的大树变成五颜六色的。""在大树身上直接刷颜料会破坏它的生长吗？"……依霖小苑的孩子们认真商量着，最终，大家选择了废旧的"玻璃纸"材料来实现自己的想法。孩子们将"玻璃纸"轻柔地包裹在大树树干上，"玻璃纸"在日光下闪烁着五彩光芒，瞬间化身

一张张奇妙画布。随后，颜料与画笔登场，孩子们手持画笔，蘸取缤纷颜料，在"玻璃纸"上自由涂抹。有的绘出嫩绿新芽，寓意生命萌发；有的勾勒出娇艳花朵，展现春日烂漫。在这一过程中，"玻璃纸"因颜料的附着，色彩变得更加丰富。颜料在光与"玻璃纸"的折射下，呈现出奇妙的光影效果，与树干的纹理相互映衬，每一笔都饱含着对自然的热爱和对环保的承诺，将废旧材料变为装点树木的奇妙画布，让大树成为依霖小苑里最独特的艺术景观。

对着小小野花许个愿。樱桃树下一株小野草，草坪上面一片樱桃叶，我轻轻地捡起这一份小美好，装进透明的许愿瓶，许下春日的愿望，把心里的许多美好也装进漂亮瓶子里，挂在大树上、花朵枝丫边，期待着它们能像春天的种子般发芽长大。你知道我在瓶中装下了哪些愿望吗？

我想把大自然的美丽装进瓶子里，我想把"一家人"的欢笑灌进瓶子里，我想把老师和爸爸妈妈的关爱融进瓶子里，我想把我的愿望装在瓶子里。我还想把我的感谢通通装进瓶子里，感谢正盛开的樱桃花，感谢坚韧不拔的小野草，感谢不同色彩的飞舞的落叶，感谢"一家人"的团结友爱。

小小的石头会说话。石头对我说："我要变彩虹"；石头对他说："我们想要排排队"；石头悄悄比手势，手指画圈要围圈；石头还在说："小房子前面我站岗"……

石头在幼儿眼里是不可多得的玩具和学具。"变废为宝"对幼儿来说是一种"工作"享受。在玩石头的过程中，幼儿的智力与非智力能力同时得到发展。在依霖，"孩子王"们总是会用儿童的心智来思考，用儿童的目光来观察，用儿童的语言来描绘，这一切都是如此的真实和美好。

鸡蛋托变成小蘑菇。"这里怎么长出了一大片小蘑菇呀？真漂亮！""这蘑菇丛是用什么材料做的？真像啊！""这蘑菇制作得那么精致，是谁的小手这么灵巧？真能干！""孩子王"看见草地上的蘑菇惊叹不已！被丢弃的、普普通通的鸡蛋托，竟然摇身一变成了一地彩色小蘑菇。

　　创造不是外在的创造，它首先是自我内心的创造。教师劳动的特征是创造，幼儿学习的特征也是在认知结构发生变化后的自我再造。相信由这一地鸡蛋托小蘑菇引发的想象，也在孩子们心中种下了创造的种子，未来必将盛开创造的花。

　　春风吹拂的风铃响叮当。"一家人"共同设计一只小风铃，把它也装点在大树上。春风吹起，小小风铃会发出"叮当，叮当"的声响，如同大自然奏响的乐曲，美妙极啦！

　　灵动彩蝶飞舞树间。在依霖小苑最静谧的一角，正上演着一场童趣盎然的自然装扮活动，孩子们的欢声笑语打破了这片静谧，他们像一群灵动的小精灵，围着大树忙碌

着。孩子们正在给用 KT 板切割成的蝴蝶上色，在他们充满创造力的手中，一只只栩栩如生的蝴蝶诞生了。不一会儿，依霖小苑的树枝上就挂满了灵动的彩蝶。

孩子们好奇地观察着这些亲手制作的蝴蝶。他们伸出小手轻轻触碰，仿佛在和彩蝶进行一场亲密的交流互动。有的孩子对着蝴蝶轻声呢喃，分享着自己的小秘密；有的孩子欢快地蹦跳着，想象着自己也像蝴蝶一样，在枝头翩翩起舞。

春日纸鸢藏心愿。还能和大树进行怎样的奇妙互动呢？"孩子王"们还在构思。"老师，春天对着大树许愿，我们的愿望会实现

吗？"这一问题给"孩子王"带来了创意的灵感。你瞧，依霖小苑的孩子们三五成群，手持满是春景图案的纸鸢，在"孩子王"的帮助下挂在了高高的枝头。纸鸢的背面有他们认真描下的春日诗词、春日祝愿，"等闲识得东风面，万紫千红总是春"，诗句里藏着对春天的赞美，还有那温馨的春日祝福。

微风拂过，纸鸢轻轻晃动，似在与大树私语，又似在向孩子们招手，而孩子们高高跃起，似想要接下纸鸢的轻声细语……好一幅"儿童散学归来早，忙趁东风放纸鸢"的春日景象。

在装扮的过程中，混龄"一家人"的互动为整个依霖小苑镀上了一层暖色。混龄"一家人"的学习是怎么进行的？遇到困难，人和人之间都会互相帮助，相互协作，在混龄"一家人"当中也不例外。姐妹俩为大树穿新衣，姐姐遇到一点困难，妹妹自然就上去协作，在混龄"一家人"的学习中，能者为师。

哥哥是我的老师，"偷窥"取经，不失为一种学习方法。低年龄段幼儿的学习特征是：跟随模仿式学习。不用哥哥招呼，自己伸出脑袋，屏住气，双眸神情专注。低年龄段孩子学习时，成人不必在旁过多干涉。只要他们对学习内容感兴趣，就会主动靠近。

模仿是混龄儿童之间最常见的学习模式。《"依霖混龄"课程研究》中明确阐述了3~6岁儿童不同年龄段的不同学习特征。老三跟随模仿式学习；老二吞吐式学习；老大"反刍"式学习。

教育有趣才有效。有趣是儿童自发的，有效是教师引领的。老大、老二制作成功后，自然而然地玩起了游戏。孩子之间的学习没有心理负担，"小人世界"语言更相通。"一家人"在一起学习、游戏，不离不弃。瞧，老大像极了小先生！

儿童的教育目标和要求的实施过程，不能机械地像锯子锯木头一样将其分割成独立片段，因为教育体系中各要素的联系如同人的五脏六腑，浑然一体、紧密相连。儿童发展过程中需要综合性的学习，不能限于某一科或某一部分的内容，而应该是你中有我，我中有你，黏合的。混龄班的优势和定期大活动都很好地起到了固特灵胶水的黏合作用。

当我们真正懂得把装扮树木的主动权赋予孩子，就会发现他们并非如我们固定思维中所认为的那般一无所知。实际上，有时候他们比我们更具想象力和创造力。植树节活动不应只是为了完成某件既定之事，不能把儿童变成顺从教条的人。植树节活动从形式上看，只是一个单一的种树活动，但如果我们深入思考并引导孩子们去探讨"为什么要种树？""为什么在春天 3 月种？""树有生命吗？""如果树有生命，它们会交流吗？怎么交流？""树和风有什么关系？""树和人又是什么关系？""我们可以怎样把树也打扮得像春天的蝴蝶一样漂亮？"等一系列问题，那么我们的教育便不会陷入本本主义的窠臼。相反，能够让儿童独立起来，让他们带着想象和思考，去与智慧，与大自然，与社会，与生活互动。这样一来，在他们眼中，一切都是有生命的，是可以对话的，是能交流的，教育状态也一定会是鲜活的。

颜料桶"哗啦"跳起舞啦！蓝绿颜料在纸上滚成
湖水，我挥着画笔轻轻搅一搅，湖面冒出了层层
小波浪，像在说"哗啦啦，龙舟要出发咯！"

创"享"端午，画"美"龙舟

依霖稚童妙笔绘龙舟端午创意美术活动

思路

每年农历五月初五是中华民族的传统节日端午节，过端午是我国两千多年来的传统习俗。端午节有很多风俗活动，如赛龙舟、吃"五黄"、挂"五端"。这一天大人高兴，小孩更兴奋，孩子们提出一个又一个问题："什么是端午节啊？""端午节为什么要吃粽子？"……

为了帮助孩子们更好地了解端午节的传统习俗，我们以龙舟长卷画的创作为切入点，开展"创'享'端午，画'美'龙舟"创意美术活动，让孩子们在玩色、涂鸦、临摹、绘画过程中感受合作创意之快乐，体验端午情感之神奇，认知端午节日之文化，了解端午习俗之意义。

目标

· 让幼儿借助不同的绘画工具，用玩色、涂鸦、临摹、绘画等方式合作进行龙舟长卷画的创作，探索创意美术"撞"上端午龙舟长卷画的神奇之旅。

· 鼓励幼儿挖掘对龙舟赛的认知经验，大胆想象、联想和创作，感受和伙伴们一起合作设计的乐趣，体验中国传统节日中蕴含的多种意义。

实录

端午节来临之际，依霖组织孩子们开展了一场别开生面的端午活动。

稚童问："创意龙舟长卷画该怎么玩？""会用到哪些绘画工具？""又有哪些创意材料会在活动中'诞生'呢？"带着小问号，我们开启了这场大型创意活动。

孩子们在老师的带领下，按大小年龄段分成两个大组，一组负责湖泊背景长卷画，一组负责端午龙舟长卷画，每组的小设计师们轮番出动，运用不同材料和工具共同合作完成依霖端午专属的创意龙舟。

负责湖泊背景长卷画创作的孩子们在整个过程中，按年龄特点和自己的需求去选择材料，大胆体验了许多不一样的美术创玩方式。

"这个绘画工具从来没用过，我自己先尝试一下。""老师，您可别动手来替代哦！"不久，胜利的欢呼声传来："老师，我们探索出来啦！它是这样玩的。"这新工具可真奇妙，吸一吸，按一按，射一射，喷

一喷，湖泊就会变得不一样，颜色叠颜色会变得很漂亮！噢，原来这就是"喷画"艺术。

这是一群用滚轮作画的小画家。这个小滚轮作用可真大，粘一粘，推一推，滚一滚，压一压，湖泊又发生变化啦！

又有新的创作方法啦！左手压，右手印，是珊瑚，是海草……手掌还会变出什么呢？

小画笔刷一刷，小笔尖刮一刮，创作过程中 KT 板、小画盘、小手掌、小色袋都是孩子的工具，只有想不到，没有做不到。孩子们在老师的带领下，积极探索，不断尝试，小眼神里满是惊喜，似乎在告诉我们："哇，原来美术创作可以有这么多方法。"不一样的美丽的湖泊在孩子们的创作下逐渐显现出来，好美呀！

负责端午龙舟长卷画的孩子们舞动着手中的画笔，时而勾画龙身，时而装饰龙舟，他们把自己和伙伴们也画进了龙舟里。

我们用滚轮、刷子在长卷画上画蓝蓝的湖泊，

小手忙忙碌碌，眼睛笑成小月牙，就等龙舟宝宝来比赛啦！

　　画笔动一动，颜料点一点，龙身出来了，鳞片呈现了，园里的中大班设计师们聆听着老师的技法要点和要求，在独立创作的同时，也不忘与伙伴们分享经验，在共同创作的过程中一起成长。

　　在以创意龙舟长卷画创作作为主题开展的端午活动中，孩子们恋恋不舍，流连于长卷画中，他们的眼睛分明在告诉老师，"不敢相信我们可以，我们做到了"。依霖"孩子王"们知道，每一笔每一画都饱含着孩子们的童心、童真与童趣，他们给这个端午增添了别样的色彩，真是创意无限。

　　在孩子们的欢声笑语与五彩斑斓的画笔起落间，龙舟长卷画创意活动圆满落幕。孩子们用稚嫩却充满力量的小手，借助不同工具，以多样化的创作方式，绘就了心中的龙舟。在这一过程中，孩子们不仅尽情挥洒了艺术创意，更沉浸式感受到端午节深厚的文化底蕴，通过龙舟创意作画了解了赛龙舟这一传统习俗背后的团结奋进精神，亲手触摸到传统文化跳动的脉搏。相信这次活动播下的文化种子，会在孩子们心中生根发芽，伴随他们成长，让端午节所承载的文化与习俗，在代代传承中绽放更加绚烂的光彩。

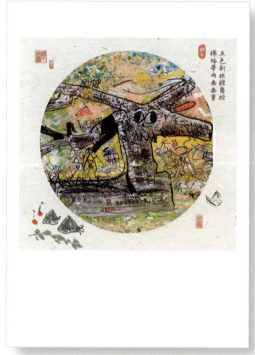

我们的创意龙舟在纸上"游"起来啦！龙头昂得高高的，嘴巴张得大大的，
仿佛风一吹，就能跟着"嘿哟嘿哟"的号子声，劈开浪花冲向前方！

"六一"玩具自己造

依霖奇思妙想庆"六一"活动

小风车"呼呼"转成彩虹圈，
孩子们举着自己创作的七彩风车奔跑在小苑的每一个角落，
连风里都藏着他们的快乐小尾巴。

思路

"六一"国际儿童节又到来了，孩子们早就期待着这一天。可以用什么方式让他们过一个属于自己的节日？孩子们提议自己动手制作节日的玩具，以自制波波球、风筝、风车、蝴蝶翅膀活动为载体来欢度"六一"。

目标

· 让幼儿学习用丙烯颜料、炫彩棒等进行波波球、风筝、风车、蝴蝶翅膀的创作。

· 让幼儿充分发挥自己的想象力和创造力，自由选择，体验不同绘画工具带来的创作乐趣。

· 让幼儿动手自制节日玩具，和小伙伴一起用自制玩具欢度"六一"。

实录

有句话叫"自己动手，丰衣足食"。现成的玩具拿来就用，玩腻了就会被丢弃。孩子们往往对自己动手制作的玩具分外爱惜，因为在制作过程中，他们已经将心情与智慧融入其中。

依霖老师深知在教育中要注意的问题是尊重、信任和放手，鼓励孩子自己做一个波波球、一个风车、一只风筝，强调幼儿自己动手、独立思考品质的养成。

波波球引得弟弟妹妹们一阵雀跃，收获了满满的喜爱。他们迫不及待地拿起"特殊彩笔"，涂鸦波波球的"身体"，想把波波球变成自己喜欢的模样，老三们认真专注的模样像极了小小设计师。

每个宝贝都很投入，孩子们兴奋地说："我们的小手真能干，我们给波波球成功穿上了花花衣。"他们还自豪地说："这是我们自己设计的六一玩具！"

今天的创作符合孩子们的年龄特点，也是他们能力范围内能够完成的。老三们很喜欢波波球，瞧，他们欢喜的心情藏都藏不住，个个脸上都洋溢着快乐。

在"六一"这个属于小朋友的节日里，老二们通过自己的创意，设计出了专属自己的小小风车。吹一吹、转一转，让它们动起来，和它们一起做游戏，一定会很不一样。

小哥哥小姐姐们在创作小小风车时，每一笔、每一画都那么认真。创作过程中，他们时而专注投入，时而小心翼翼，每一个风车都设计得独一无二。不得不说，孩子们的这些小小创意真是太棒了！

在绘制创意风筝时，老大们跃跃欲试、认真对待，为弟弟妹妹们树立了榜样。孩子们的风筝创意无限，小小风筝，大大创意。他们要把梦想画进风筝里，让它承载着美好的愿望展翅高飞。

风筝为什么既能飞高又能飞低？风筝为什么没有风就不行呢？在幼儿动手自制玩具时，他们就能初步感知风筝自身的重力、风的推力和风筝线的拉力。等他们长大了，自然能把实践和理论联系起来，领悟空气动力学和力学的原理了。

"一家人"还开启了奇妙蝴蝶翅膀玩具的创作之旅。"一家人"找来轻薄的透明卡片，"孩子王"协助剪出蝴蝶翅膀的形状。接着，"一家人"挑选了明亮的颜料，用画笔仔细地涂抹在翅膀上，时而在翅膀中央勾勒出独特的花纹，时而小心翼翼地填充空白处，紫色与红黄相互映衬，梦幻又迷人。

当这对凝聚着孩子们无限创意与欢乐的蝴蝶翅膀完成时，他们迫不及待地戴在身上，在依霖小苑的草地上奔跑嬉戏，仿佛一群最美丽的蝴蝶，在灿烂的阳光下自由飞翔，他们仿佛真的要飞向快乐的童话世界。

依霖团队借助欢庆"六一"的机会，带领幼儿开展创意玩具制作活动，想让幼儿较长时间沉浸在不同创意设计中，享受创作给自己带来的成长乐趣。幼儿用心中的"画笔"设计属于自己的童年玩具，在喜爱的玩具——风筝、风车、蝴蝶翅膀、波波球上绘就多彩世界，体验自制玩具的成功感。

6月1日这一天，幼儿带着盖有自己专属印章的自制玩具在依霖小苑中展览、交流、分享并交换玩耍，放飞童年。因为是自己设计、自己制作的，他们小心翼翼地呵护着玩具，就像保护自己的身体一样，十分可爱。在与玩具游戏的互动中，幼儿的脸上散发出藏不住的欢喜。

依霖"孩子王"为什么会如此懂幼儿的心思？《风筝与线》这首诗歌诠释了依霖"孩子王"们是如何把爱藏进了孩子心里／笑脸里／快乐里／幸福里／成长里／希望里。"孩子王"知道孩子们如同风筝，在蓝天上摇摇晃晃，试图飞得更高，而老师如同那根线，牵动风筝的方向，随着风力风向的变化适时放，适时收，为他们把握最理想的高度，寻找更广阔的天空，让阳光注入他们飞翔的每一个阶段。

背上彩色的蝴蝶翅膀，孩子们在小苑的草地上奔跑，每一步都是纯真快乐的绽放。

· 依霖诗歌《风筝与线》

三年三月天，年年放风筝

孩子们，明年还飞吗？

飞！

一定要飞！

我们会带着老师的希望飞！

美丽的风筝

犹如孩子们花朵一样的脸庞

在晴朗的天空中带着天真的笑声回响

我们是美丽的风筝

笑声带领我们天空飞翔

五彩的风筝

好似孩子们的心情变化无常

在朝思暮想的蓝天里有缘牵绊

我们是五彩的风筝

在蓝天白云里穿梭游荡

快乐的风筝

好似孩子们的言行飘忽荡漾

在朦胧的春天里散发着动人稚气

我们是快乐的风筝

等待着线的力量来引航

远去的风筝

好似孩子们长大后如雄鹰飞翔

在过往的航行中留下难以消失的印记

我们是将要远去的风筝

扶摇直上九霄云端

沐浴春天的阳光

享受夏天的星空

分享秋天的晚霞

感受冬天的温暖

三年三月天，年年放风筝

孩子们，明年还飞吗？

飞！

一定飞！

我们一定会带着老师的希望飞！

孩子啊，你们是美丽的风筝

老师如风

托起了你们的翅膀

依霖的天空

成就了你们最初的梦想

老师是风

托起了稚嫩的翅膀

帮助我们学习在蓝天上翱翔

老师,谢谢您!

孩子啊,你们是五彩的风筝

老师如线

轻轻牵动着你们的翅膀

依霖的天空

放飞你们的追求与向往

老师如线

测量着地面与天空的距离

推引我们学会自己放飞 / 独立飞翔

老师,谢谢您!

孩子啊,你们是快乐的风筝

老师如秤

依霖的天空

帮助你们把持平衡的方向

老师如秤

让我们稳稳地迎风招展

依霖的天空

给我们搭建了自由展示的炫丽舞台

老师,谢谢您!

孩子啊,你们是展翅的风筝

老师如盘

远了拽一拽,近了松一松

止不住的牵挂,萦绕于心的情怀

老师如盘

期待就这样与您相伴永远

依霖的天空

原本无心的我们也学会了关爱

老师,谢谢您!

三年三月天,年年放风筝

孩子们,明年还飞吗?

飞!

一定要飞!

我们会带着老师的希望飞!

飞向蓝天去搏击风云

飞向风雨去抗击命运

飞向尘埃去建设世界

飞向宇宙去创造新月

孩子,请把你的手放在我的手心里

让我再牵一次你的手

记得

雀跃风筝飞高的天空有风雨

老师,我们记住了

孩子啊,请把你的手放在我的手心里

让我再牵一次你的手

记得

风筝飞远手要拽一拽，气要平

老师，我们记住了

孩子啊，请把你的手放在我的手心里

让我再牵一次你的手

记得

风筝紧了，线要松一松，心要和

老师，我们记住了

孩子们，展翅远飞吧……

老师再见

对家长如是说：

孩子因你来到这个世界

孩子不为你生存在这个世界

他们不为你内心的思想而成长

他们有不惧怕风雨侵袭瘦弱的筋骨

他们有不怕线断迷失方向继续追寻的勇敢

因为

他们有他们自己的坦途方向

他们有属于他们的天空

他们会仰天长笑

放飞他们的梦想

"看！嫦娥姐姐的玉兔飞船是不是载着星星月饼，正从银河
滑梯'咻'地滑下来呀？"

中秋相约依霖，共赏星辰大海

依霖小苑邀月逐梦探航共庆中秋活动

思路

千百年来，中秋佳节始终承载着中国人关于家庭、亲情、团聚的文化内涵，是中国历史悠久的传统节日之一。

在成功举办两期不同主题的依霖初夜纳凉活动后，孩子们对傍晚的依霖小苑极为喜爱，活动亦赢得了家长们的一致好评。而中秋节有赏月习俗，同时，今年的中秋月圆之夜恰逢神舟十二号宇航员仍在浩瀚宇宙中遨游。自6月以来，孩子们就持续关注着神舟十二号及3位宇航员的动态。在这个具有团聚意义的中秋节来临前夕，孩子们提出了许多问题："神舟十二号上的宇航员怎么过中秋节呢？""他们能回来吗？"

"宇航员有月饼吃吗？""他们能看到嫦娥和玉兔吗？""他们可不可以给他们的孩子打个电话？""他们看到的月亮是不是特别大？""他们看到的星星会不会比我们看到的更多？"……基于孩子们的兴趣以及当下热门的航天话题，依霖开展"中秋相约依霖，共赏星辰大海"主题活动，将中秋与航天相融合，为孩子们呈现一场融中秋文化、家国情怀、民族特色于一体的中秋盛会，潜移默化地培养孩子们的爱国主义情感。

目标

· 让幼儿知道中秋节是我国一个重要的传统节日，了解中秋节的最大意义和主旨是"团圆"，了解中秋故事和习俗。

· 融合航天话题，让幼儿进一步通过查阅新闻资料，关注 3 位航天员的中秋动态，感恩并学习宇航员的精神，培养爱国主义情感。

实录

为了让孩子们更深刻地感受中国传统节日的意蕴和魅力，依霖"孩子王"组织孩子们于 2021 年 9 月 18 日晚齐聚依霖小苑，共度一个独特的中秋佳节。

中秋的月光如水般倾洒，入夜的依霖小苑摇身一变，成了热闹非凡的"中秋集市"，五彩的灯饰挂满操场，光晕柔和，映照着孩子们纯真的笑脸，摊位一个挨着一个，货品应有尽有。

为了让孩子们在真实的情境中充分地体验美、感受美、创造美，依霖"孩子王"和可爱的孩子们一起为独属于自己的中秋夜创设了 17 个与中秋习俗或中国航天相关的吃、喝、玩、乐摊点，有天宫一号小食铺、太空星球月饼铺、星辰大海果汁铺、甜蜜中秋鲜果铺、月宫玉兔糖果铺、嫦娥奔月零食铺、花好月圆烤肉铺、桂子飘香糕点铺，有荷灯祈福中秋夜、中秋拜月许心愿、民俗游戏玩不停、中秋故事嫦娥说、非遗皮影戏中秋、天问一号把谜猜、手作团扇巧巧做、观星赏月吟诵会，还有心灵手巧"作"月饼。一切准备就绪，孩子们迫不及待地以家庭为单位开启了中秋逛摊闯关模式，"一家人"大手牵小手，自由穿梭于各个摊点之间，留下了一份美好的特别印记。

幼儿园的星星灯亮起来啦！
我被这满是星星灯光的小苑和闪闪发光的摊位吸引了，
这儿瞧瞧，那儿瞅瞅，小脚都不想走啦！

中秋夜活动中,大年龄段孩子们自己折纸船,小年龄段孩子们在和父母一起制作的小船上,画上自己的心愿。孩子们一个接一个走到"池塘边",他们微微蹲下身子,双手捧着祈福船,轻轻放入水中,还不忘轻轻吹一口气,似乎想让小船更快地驶向远方。水面上,一艘艘祈福船缓缓漂着,灯光摇曳,就像一颗颗闪烁的星星,带着孩子们纯真的梦想,向着月光深处飘去。在这个独特的夜晚,和小伙伴一起放一只祈福船,许下一个中秋的小愿望,是一件特别开心的事情。因此,荷灯祈福摊点成了孩子们非常喜爱的摊位之一。

摊位上与中秋相关的谜语、与中国航天有关的问题,都难不倒孩子们。他们或独自应战,或组队解答,"一家人"有商有量,互帮互助,很有默契。在这充满欢乐与温馨的

我拿着画笔在团扇上画火箭、画飞船,涂颜料时小手格外小心翼翼,生怕把"太空"涂歪了,等画完我要带着它去看月亮婆婆!

中秋夜,天宫一号猜谜语摊位不仅是比拼智慧的擂台,更是孩子们收获知识与快乐的小天地。

在这个与航天相融合的中秋夜,设计一把带有航天图案的中秋团扇,为我们的中秋夜增添了别样的色彩。扇面上,深邃浩瀚的宇宙是底色,点点繁星闪烁,孩子们用金黄色颜料、油画棒在扇面上画一个饱满的月亮,或用金黄色的纸剪一轮圆月粘在扇面上,一把不一样的团扇便设计完成,它仿佛在诉说着宇宙的奥秘。孩子们手持团扇,漫步在依霖小苑的中秋夜摊位之间,微风吹来,团扇轻摇,似乎要带着他们在浩瀚的宇宙之中自由穿梭。

秋天是丰收的季节，在古代，人们很崇拜月亮，他们认为月亮有一种神秘的力量，通过祭拜可以祈求平安、团圆和丰收。因此，在中秋这一天人们都会拿出家里最好吃的食物祭拜月亮，感谢恩赐。中秋拜月承载着人们对美好生活的向往和祈求。

无声胜有声的带动是一种很好的教育形式。在那充满古韵的中秋拜月摊位前，一群穿着汉服的孩子们，稚嫩的小脸上满是认真，他们学着古人的样子，双手合十，对着月亮虔诚地鞠躬，嘴里还念念有词。"孩子王"问："你们这么认真在说些什么？"孩子们认真答道："希望宇航员出任务平安。""希望爸爸妈妈不要太累。""希

望爷爷奶奶每天开心。"

小小皮影戏，一块幕布，一盏明灯，几张皮影，几场戏，孩子们自编、自导又自演，其中的魅力无穷无尽，这是独属于他们的美好体验。

"皮影戏是谁发明出来的？"

"是哪个地方先开始的？"

"为什么叫皮影戏？"

每年谈论这个问题时，老大常常会当起小老师来解答。他们告诉弟弟妹妹们："皮影戏最早起源于我们国家的陕西地区，因为我们看到的只是影子，所以也叫'影子戏'。"老大之间还会相互补充，恨不得把自己记忆中的内容一股脑儿都"反

"当"出来，在弟弟妹妹面前显摆显摆，可见榜样的力量不容小觑。

中秋节人们为什么要玩投壶游戏？投壶游戏是古代传下来的吗？中秋节投壶游戏隐含着深厚的文化寓意，它不仅考验投掷技巧，也是对团队精神的考验。投壶游戏是古代的宴饮游戏，是一种既需要遵守规则，又能活跃气氛的游戏。瞧，孩子们睁着亮晶晶的眼睛，小手紧紧握着箭矢，身体前倾，全神贯注地瞄准。箭矢有的精准落入壶中，有的则倒在壶边不远处，引得周围一阵欢呼。

不远处的套圈摊位同样热闹非凡，色彩鲜艳的小礼品有序排列着，有可爱的毛绒玩具、精美的文具，还有充满童趣的小摆件。孩子们手持彩色的套圈，站在指定线后，有的信心满满，用力一掷；有的小心翼翼，轻轻抛出。套圈在空中晃晃悠悠地飞舞，每当有套圈稳稳套住礼品，就会引来一阵兴奋的尖叫。

在"金色的秋天"主题问题收集过程中，有幼儿问道："中秋节为什么要看月亮？""中秋节为什么要望着月亮诵读吟诗呢？"幼儿的这些问题在日常教学活动和探究体验中找到了答案，因此，喜欢诵读吟诗的孩子越来越多。这不，"孩子王"和孩子们一起创设了诵读吟诗摊位。

在热闹的摊位间，有一处兔子灯制作摊位格外吸睛："一家人"正一起想方设法、相互协作地制作兔子灯。老大们轻车熟路地安装兔子灯轮廓，他们格外认真。老二带着老三在一旁协助，老三嘴里嘟囔着："我要给小兔子灯穿上花花衣。"

在"一家人"齐心协力的合作下，一盏盏栩栩如生的兔子灯渐渐成型。

这一夜，有这么多美食！这群小可爱，眼睛里都闪烁着兴奋的光芒。他们在梦幻般的依霖小苑中来回穿梭，尽情品尝着属于中秋节的美食。

中秋节应该吃什么？为什么要吃月饼、芋头、梨？全世界过中秋节都吃一样的东西吗？……了解幼儿脑海中有待解决的问题，我们便能游刃有余地为他们提供相应的环境和物品，让师生在游戏的过程中实现言行交流，产生认知共鸣。孩子们在中秋美食摊位前，不仅品尝了美味的食物，还收获了许多新的认知经验。

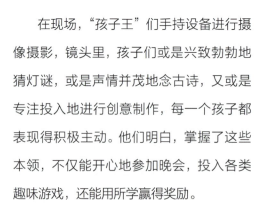

在现场，"孩子王"们手持设备进行摄像摄影，镜头里，孩子们或是兴致勃勃地猜灯谜，或是声情并茂地念古诗，又或是专注投入地进行创意制作，每一个孩子都表现得积极主动。他们明白，掌握了这些本领，不仅能开心地参加晚会，投入各类趣味游戏，还能用所学赢得奖励。

教育不是注满一桶水，而是点燃一把火。在教育改革持续深化的当下，我们始终遵循"万物各得其和以生，各得其养以成""万物并育而不相害，道并行而不相悖"的自然规律。这要求在教育过程中，尊重每个孩子的独特性，就像尊重自然界中每一个独特的生命一样。让孩子们在成长过程中与自然和谐共处，在学习与探索中领悟生命之道，彰显生态智慧，真正实现教育的多元共生与可持续发展。

■ 艺术创作，能够帮助孩子们将天马行空的想象具象化，尽情地表达对世界的独特认知。

■ 尊重每个孩子的独特性，就像尊重自然界中每一个独特的生命一样。

■ 教育并非一个人的任务，只有所有参与其中的成人都付出100％的努力，孩子们才能获得真正意义上的成长。

"艺"想天开

Diary of Yilin Courtyard

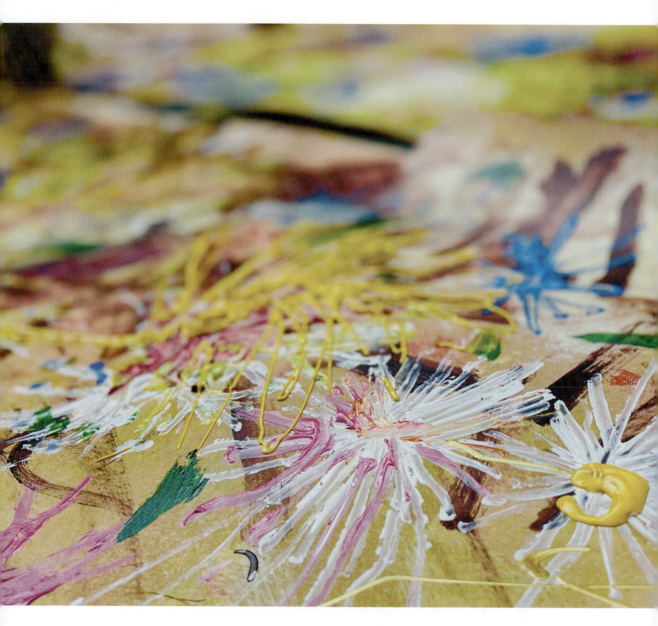

『秋之小美好』创意美术大活动

依霖幼儿园的秋日创意百变魔法派对

思路

　　"金色的秋天"主题活动开展后，幼儿沉浸在秋天大自然绚丽多彩的美景中流连忘返。教师通过开展"秋之小美好"创意美术大活动，鼓励孩子们运用玩色、涂鸦、临摹和创意拼贴等多样化创作方式，描绘秋果累累、秋叶斑斓、层林尽染的秋林，以及秋雁南飞等不同秋日元素内容。让孩子们在沉浸式户外体验中，感受秋天独特的魅力，体会户外美术活动带来的神奇与快乐。

目标

·让幼儿运用玩色、涂鸦、临摹和创意拼贴等手法，进行秋果、秋叶、秋林、秋雁等秋日元素长卷画的自由创作。

·让幼儿在天时地利人和的环境中享受秋天的美景，引发奇思妙想，提升想象力、联想力和创造力，享受共同创作的乐趣。

·让幼儿通过团队协作的方式，拉近"一家人"的情感距离，沉浸式感受"一家人"共同创作带来的幸福与快乐。

实录

上海的深秋更接近北方的初冬。依霖小苑里秋叶飘落，金黄色的、咖绿色的、深棕色的，一路延伸，像极了画家笔下秋天的美景；小苑里的菊花也开了，黄色的金丝菊，一朵一朵，花瓣弯曲，向花蕊的中间打着圈儿聚拢，宛如一个漩涡。孩子们从这些天看的绘本得知，深秋菊花

开时，大雁会从北方飞往南方；秋天最多的水果是橘子，各种各样的，有小金橘、黄岩橘，等等。这么美的环境孩子们很想用语言描述出来，可他们还说不好。

在收集秋天主题的问题时，孩子们问："这么美丽的景色，我们用什么办法才能把它留下来呢？""孩子王"们真正读懂了孩子们的想法，带着孩子们一起，与秋天的美景进行了一场美美的互动，留下了独特的秋日记忆。

长久以来，孩子们期盼把秋天留住的心愿终于有机会实现了。"孩子王"们面带微笑，亲切地询问："你们准备好了吗？"那一刻，孩子们再也抑制不住内心的激动，异口同声，大声回应："准备好了！"随着这响亮的回答，描绘"秋之小美好"的长卷画创意美术大活动，也在一片欢声笑语中正式拉开了帷幕。

第一张长卷画，"一家人"共绘雁菊盛景图。在依霖小苑的"秋之小美好"创意美术大活动现场，处处都洋溢着热闹欢快的氛围。户外阳光充足，混龄"一家人"围绕着咖啡色的长画卷，开启了一场充满奇思妙想的艺术创作。

　　老三们拿起黏土，小手轻轻一捏，一搓，一压，动作稚嫩又可爱。白色黏土在他们指尖变成了大雁圆润的身体，黑色黏土点缀出炯炯有神的眼睛，橙色黏土塑造出尖尖的嘴巴。不一会儿，一只活灵活现的大雁便诞生了。紧接着，第二只、第三只……老三们越做越起劲，小手一刻也不停歇，很快，三五成群的大雁在他们的巧手下纷纷成型。与此同时，老大和老二们也忙得热火朝天。他们有的手持刷子，蘸取金黄色、橙红色等颜料，在画卷上大胆涂抹，大片的色彩瞬间铺陈开来，为秋菊营造出灿烂的背景；有的拿着滚轮，蘸着颜料在画卷上滚动，留下一道道独特的纹理，为画面增添了别样的质感；还有的用棉签和手指，细致地点画出细密的花瓣，一朵朵栩栩如生的秋日菊花在他们的创作下逐渐绽放。

　　待背景绘制完毕，"一家人"小心翼翼地将做好的黏土大雁安放在秋菊图上。在大家的齐心协力下，一幅鲜活灵动的大雁秋菊盛景长卷画完美呈现。

　　在混龄"一家人"合作创作活动中，不同年龄段的孩子相互配合，不仅完成了长卷画的创作，还收获了珍贵的学习品质。活动刚开始，老大们凭借丰富的知识储备和较强的组织能力，迅速梳理出创作思路，主动承担起规划画面布局的任务，为整个创作定下方向。过程中，他们不仅耐心地为弟弟妹妹们讲解创作技巧，还手把手示范，时不时叮嘱，展现出了他们的责任感与领导力。

　　老二和老三们则满怀着好奇心与探索欲，积极参与创作。虽然在技巧上稍显稚嫩，但他们天马行空的想法为作品注入了灵感。当遇到困难时，他们会勇敢地向哥哥姐姐求助，在获得帮助后，会认真努力地尝试，这种积极的学习态度和直面困难的勇气，值得称赞。

　　在彼此交流、共同创作的过程中，孩子们学会了倾听他人的意见，尊重不同的想法，沟通和合作能力都得到显著提升。大孩子在帮助小孩子的过程中，巩固了自己的知识和技能；小孩子在向大孩子学习的过程中，不断突破自我。创意美术大活动营造出浓厚的互帮互助、共同进步的学习氛围，让不同年龄段的孩子都能收获属于自己的自信与成长，这些宝贵的收获，将伴随他们未来的学习与生活。

第二张长卷画,依霖最小宝绘就多彩秋果图。在依霖小苑的活动现场,一群最小的宝宝们(仅2~3岁)也来参与长卷画创作。橘子,他们见过、吃过,再熟悉不过了。橙黄的外皮,酸甜的汁水,是他们对橘子最直观的记忆。可他们却不知道,这平凡的橘子竟能摇身一变,成为绘画的奇妙工具。

当"孩子王"拿出橘子,介绍拓印玩法时,孩子们的眼睛都亮了起来,小脸上满是好奇。在创作过程中,他们充分发挥想象力,小手紧紧握住橘子,轻轻蘸上颜料,再小心翼翼地按压在画卷上。有的孩子将橘子印重叠排列,组成一片金黄的橘林;有的孩子则别出心裁,为橘子印添上几笔,让它们变成其他形象。依霖最小的宝宝们用他们的独特创想,赋予了橘子全新的艺术生命,也在这场活动中,真切感受到了创意的奇妙和美好。

2~3岁孩子的独立意识已经形成,并且这种意识非常强烈。这一时期,孩子们虽对事物有了一定的认知,但处于心里明白、表达能力有限的状态,毕竟他们的语言表达尚处在发展阶段。这个时候,"孩子王"们千万不能代替孩子们去做事,以免剥夺他们实践的机会,而应当给予他们更多的尊重、信任,学会放手,充分鼓励他们不断尝试,在恰当的时机给予指导,助力他们在尝试过程中积极探索,不断积累生活与学习的经验。

　　第三张长卷画，小哥哥小姐姐勾勒缤纷秋叶图。以"秋之小美好"为主题的创意美术大活动正如火如荼地进行着，中班的小朋友们围在一幅长长的画卷前，个个脸上洋溢着兴奋与期待。

　　活动前，孩子们捡来了许多形状各异、色彩斑斓的落叶。此时，他们精心挑选收集来的落叶，摆放在画卷旁。"我们捡来的树叶真的能在画纸上变出一模一样的形状吗？""怎么变呢？"……只见"孩子王"拿起一片枫叶，放在画卷上，另一只手紧紧按住，然后用记号笔沿边轻轻一勾勒，枫叶的轮廓便呈现在画卷上。

　　孩子们说："哦，原来是用树叶拓印的方法。"要画得一模一样还是有点难度的：左手要用力按住树叶，不让它移动，才能准确地描画出树叶的轮廓；要想把树叶画得高一点，就得改变身体姿势，否则画面就不好看了；小眼睛要紧紧盯住手，沿着树叶边缘慢慢移动才行。画好后，还要签上小画家的名字，真是值得骄傲。

　　"孩子王"们说：瞧，原来孩子们的专注力这么强大。看来，他们做喜欢做的事情不用大人盯着；看来，我们需要了解他们喜欢的学习方式和心理需求；看来，好的教育不能以成人的固化思维去定义孩子的思维。要达成儿童《3~6 岁儿童学习与发展指南》的目标要求，不能用死板对应的套路，而需考虑让综合目标在一次活动中自然而然地渗透。

第四张长卷画，大哥哥大姐姐绘就白桦秋林长卷图。大班的孩子们也齐聚在长卷画前，准备绘制一幅别具一格的白桦秋林长卷图。孩子们分工明确，有的挑选白色卡纸创作白桦的树干，只见他们左手紧捏白色卡纸，右手精准地撕出一段段粗细不同、形状逼真的白桦树干。有的则负责绘制秋天背景，瞧，他们手持大号画笔，将画笔深深浸入金黄、橘红或咖啡色的颜料中，随后在画卷上尽情挥洒，大片金黄的树叶便在纸上呈现。在大家的共同努力下，长卷画逐渐丰富起来，大家齐心协力把白桦树干粘到画满秋色背景的长卷上，一片白桦林就此形成，接着继续添画……一棵棵挺拔的白桦树和金黄、火红的秋叶背景相互映衬，一幅别具一格的白桦秋林长卷图就这样诞生啦！孩子们退后几步，欣赏着自己的杰作，眼中闪烁着自豪的光芒。

很多家长和老师看到这样的场景都不敢相信，没想到依霖的孩子们居然能将撕、刷、涂、拓等美术手法，以及油画工具、粘贴材料、棉签等美术工具和材料运用起来，组合创作出专属于他们的独一无二的优秀作品《白桦秋林长卷图》。这幅长长的画卷如同《清明上河图》一样，是极为珍贵的艺术作品。

处处不同，处处有故事，这些故事存在于孩子们的心里、眼里、手中。画面看似不规则，实则有着奇妙的统一感。

依霖的孩子们，真棒！

未来的大画师，如今的小画家，创作时专注的模样，流露出的欢喜与幸福，怎么藏也藏不住。

请相信我们，我们的小手不仅漂亮还很能干，我们的小手里藏着很多小秘密，给我们的机会越多，收获就越大。

秘密一：小手里藏着的秘密是，每天的活动中都要用心地观察老师，观察同伴，观察哥哥姐姐们。

秘密二：小手里藏着的秘密是，做"小一休"转动小脑筋想一想，身边小伙伴们为什么要这样画，觉得好的就模仿，试一试呗。

秘密三：小手里藏着的秘密是，我们有独特的笔触，动手创作和语言表达中往往蕴藏着丰富的想象和情感，这和大人不一样。

秘密四：小手里藏着的秘密是，我们的心里有一颗颗美的种子，我们发现事物、感受事物的方法及表现方式也不一样。

秘密五：小手里藏着的秘密是，我们不会写字，我们还"喜新厌旧"。我们用各种工具在纸上画来画去，就和你们在电脑上写字、画画一样。

秘密六：小手里藏着的秘密是，依霖老师懂我们的心思，为我们创设我们最喜欢的学习环境，大人们看我们在玩，其实我们在学。我们不追求结果的"完美"，我们享受过程，结果其实也很美啊！

独乐乐不如众乐乐，众乐乐
还要笑乐乐。幼儿绘画艺术作品
的特点是："像不像，三分像"。

夏日童梦绘，创意伞设计

依霖小画家妙笔绘伞开出彩虹梦

思路

　　夏日的骄阳似火，伞不仅是遮阳挡雨的工具，更能成为孩子们发挥创意的舞台。在炎炎夏日，开展"夏日童梦绘，创意伞设计"活动，借助多种表现形式，让孩子们在伞面上进行创作，能够帮助孩子们将天马行空的想象具象化，尽情地表达对世界的独特认知。与此同时，还能锻炼孩子们的多种能力，如在绘画过程中，他们的手部精细动作能得到锻炼，色彩运用与搭配能力也能得到提升；还可以增强他们的审美意识，培养他们的团队协作精神，让他们在享受创作乐趣的同时收获成长。

目标

· 让幼儿通过观察夏天的自然景观和生活场景，激发想象力，自主构思伞面绘画主题，培养独立思考和创新思维能力。

· 鼓励幼儿小组合作，认识并熟练使用绘画工具，掌握不同的绘画技巧，如平涂、渐变等，在伞面上完成富有创意的绘画作品。

· 让幼儿在创作中感受艺术的魅力，激发对绘画创作的兴趣，体验成功的喜悦。

实录

阳光穿透树叶的缝隙，在地面洒下斑驳的光影，蝉鸣阵阵，奏响了夏日的乐章。此刻，"夏日童梦绘，创意伞设计"活动现场热闹非凡，一把把透明的小伞整齐地摆放着，犹如等待彩绘的梦幻画布。

要画什么呢？我要想想，再想想……

每一把小伞前都围着三两个孩子，他们小脑袋凑在一起，开启了创意设计前奇思妙想的小讨论。"兄弟姐妹"一起说说自己的小灵感，讲讲此时此刻自己的设计构思和想法。

透明的伞面，该画什么呢？

要弟弟妹妹同意，我也同意，怎么统一意见呢？

妹妹问：姐姐，我们画什么呢？

姐姐说：夏天下雨会打雷，雨过天晴有

彩虹，我们来画一把彩虹伞，好吗？

妹妹说：嗯，好！

老三，你来说说，想画什么？

老二，你也说说，想画什么？

老大：那我们就画夏天的花朵吧！

妹妹惊讶：姐姐，你画得太红了吧？

姐姐：我们画的是一把小红伞。夏天太阳火辣辣

的，就像这红色。

隔壁妹妹：我们也画小红伞，我就有一把小红伞，

我很喜欢。

老师：嗨，老大，你在画什么，这么多颜色？

老大：我想在这把伞上的每一格都画上不同的图案，有我最喜欢

吃的巧克力，现在我在画奥特曼。

老师：好，你喜欢的，心里想说的话都可以用彩色、用画画的方

式表达出来，

老大你真行。

老师：小老三，你在画什么呢？

老三：我们"家庭"画彩虹，我在涂色彩。彩虹有 7 种颜色，我现在就画了 3 种，哥哥在调色，还有 4 种呢！

老师：彩虹伞，真了不起！

妹妹问：哥哥，我们怎么画？

哥哥说：我们创作一把两色的伞。你画黄色，我画白色，间隔连在一起，好吗？

妹妹说：好！

妹妹一笔，哥哥一画，哥哥一色，妹妹一调，雨伞上满是兄妹俩的童真痕迹。

哥哥说：弟弟，我画轮廓，你来涂色，好吗？

弟弟说：好！

弟弟问：哥哥，这里用什么颜色好看？

哥哥说：你自己选，没关系的。

老师：你们"家庭"准备画一把什么样的伞，先介绍一下可以吗？

老大：我们"家庭"画大海里的鱼。

老师：我怎么看不出来这是大海里的鱼呢？

老大：现在还没有全部画好呢。我先让老三画蓝色的海洋，我画鱼，还有天上的太阳照下来，照在小伞上。

孩子们的想法真了不起。虽然他们还没掌握整体创作的技巧，但却已经有了构图的意识，他们拿起手中的画笔，想要通过小小的一把伞绘就自己的所思所想，在伞面上勾勒出专属于自己小"家庭"的夏日奇境。就这样，一场充满童趣与创意的绘画之旅，在这小小的伞面上正式启航。

瞧着孩子们作画的姿态，你还认为他们只是小孩吗？他们的专注，他们设法变换身体姿势、边画边想的状态，他们的所思所想，大人揣摩得透吗？有时候我们的猜想经常会被他们否定："不是这样的，我画的是……"

曾经有孩子把红苹果画成了灰色，老师发问道："你怎么把苹果画成了灰色呀？"孩子却淡定自如地回答："这个苹果烂掉了。"

还有一次，一个孩子把太阳画成了黑色。老师很惊讶，请孩子们停下笔，问全体幼儿太阳是红色的还是黑色的，大家齐声回答："太阳是红色的。"可这孩子有点气恼地说："我画的是被乌云遮住了的太阳。"老师瞬间语塞，心里也默默为孩子竖起拇指，同时也为自己不假思索的质疑而感到羞愧。

在孩子们的小世界里，他们觉得世界万物都是有生命的，变化的，充满想象和联想的，他们拥有多么有趣的灵魂！可见"孩子王"可真不好当，"我和孩子一样高"——如果仅仅是身体蹲下来和孩子一样高还不行，还要用儿童视角、儿童思维去审视儿童，明白他们在想什么、想要表达什么，这才是真正意义上的和孩子一样高。在孩子们创意迸发的世界里，他们大脑中思考的内容，借由画面语言呈现出来时，常常与成人的思维和想象大相径庭。成人看待事物，多从现实经验和理性逻辑出发，画面倾向于符合常规的认知。而在孩子们的眼中，世界充满奇幻色彩，没有被固定思维束缚。当参与绘画创作时，他们也许会给太阳添上笑脸和四肢，让它像小伙伴一样和云朵玩耍；会让鱼儿长出翅膀，翱翔在湛蓝天空；会为雨滴画上眼泪……这些在成人看来荒诞不经的画面，恰恰是孩子们天马行空想象力与创造力的体现。这些画面展现出儿童世界的纯真、自由与无限可能，也提醒着成人珍视这份独一无二的想象力，用心去聆听他们用画笔讲述的奇妙故事。

通过画笔绘出心中所想，用五彩缤纷的色彩描绘夏日的美好，拍一张伞下"一家人"的照片，这印记早已烙刻在我们的心里。

每一把伞下都有他们在此时此刻讲述的故事，"孩子王"们能读懂吗？

懂，这就是快乐的友谊；

懂，这就是小时候的两小无猜。

奇思妙『箱』，不『纸』于此

『未来之城』纸箱迷宫环保科技活动

思路

运用"抛接球问题导向"教学模式，能够有效推动幼儿思维按照"好奇→好问""好一点→好多点""好多点→好联想""好联想→好探究"的路径发展。在这种模式下，正确答案永远不是教师先给的，而是鼓励幼儿自主发现和思考问题，让他们在持续探索中构建思维链接，找寻答案。

每年的依霖科技节，都是践行"抛接球问题导向"教学模式的黄金时期。幼儿借助集中探究内容，提出问题并尝试解决问题。幼儿的探索与生活紧密相连，如环境保护、变废为宝、科技创新、城市建设等主题，都能激发他们的好奇心。两年一届的"小不点"科技节临近，教师引导幼儿收集问题，倾听他们的新想法，最终确定以"未来之城"为主题，开展依霖第八届"小不点"科技节——"奇思妙'箱'，不'纸'于此"纸箱迷宫环保科技活动。

此次活动采用"家庭—幼儿园—幼儿"协同的模式，通过分两步实施的策略，运用沉浸式、启发式的"抛接球"教学方法，让师幼在动手创作过程中，享受成功的喜悦，体验合作的乐趣，以此激发幼儿对"以点带面""多点成线"的变化与创新的理解，引导他们发现事物间的联系，逐步形成多维度思考的思维方式。

目标

· 让孩子和家长尝试运用画、贴、涂等多种方式，围绕"未来之城"开展班级纸箱亲子创作活动，激发创造力，增进亲子感情。

· 让幼儿利用共同收集的纸板、纸箱，开展"未来之城"大型纸箱迷宫创意搭建与涂鸦活动，鼓励幼儿发挥想象力，亲手搭建出想象中的梦幻王国，沉浸式感受艺术创作的独特魅力。

实录

近年来，科技发展和环境保护两大议题越来越深入我们的生活，与我们息息相关。在此背景下，依霖以"未来之城"为主题，举办第八届"小不点"科技节 ——"奇思妙'箱'，不'纸'于此"纸箱迷宫环保科技活动。

在孩子们满心的期待中，活动正式开始。首先开展的是奇思妙"箱"之"一班一房"的活动。我们将"未来之城"细分为太空之城、地下之城、海上之城、海底之城、天空之城五大主题板块，每个班级需要围绕各自认领的主题，进行"未来之城"纸箱房子创作。

活动前期，老师们充分调动孩子们的积极性，引导他们针对房子的设计思路、造型以及材料选用展开讨论，在每个环节都鼓励孩子们积极参与、大胆表达。孩子们各抒己见，思维的火花在交流中不断碰撞。

在为期两周的时间里，各班老师充分发挥"孩子王"的引领作用，带着孩子们朝着心中的"未来之城"努力奋进。负责"太空之城"创作的孩子们，以大纸箱为主体，搭建出火箭的外形。他们运用各种尺寸的纸板和自己绘制的小零件，巧妙融合宇宙飞船、浩瀚无垠的星空等元素，为"太空之城"增添了动感与活力。构思"地下之城"的孩子们，则将多个纸箱巧妙叠放，打造出地下城堡的雏形。他们用棕色卡纸和棕色颜料，塑造出洞穴般的墙壁与蜿蜒的通道，让人仿佛置身于神秘的地下世界。他们还用彩泥捏出蚯蚓、蚂蚁等地下生物，将其巧妙安置在城堡各处，为这座地下之城注入了生活气息。参与"海上之城"创作的孩子们，把大型纸箱当作轮船的船体，用白色卡纸和蓝色颜料，绘制出船体的纹路与层层海浪。负责"海底之城"的孩子们，把纸箱加以裁剪、拼接，搭建出潜水艇等轮廓，再用深蓝色颜料营造出深邃的海水场景。孩子们通过绘画或剪裁，创作出形态各异的鱼类、水母，还画上了喜爱的动画角色——海绵宝宝等，这些生动的形象让海底之城更加绚丽多彩。创作"天空之城"的孩子们，选用轻薄纸箱搭建城堡主体，再用卡纸制作出飘扬的旗帜和白色云朵，为城堡增添了梦幻色彩。他们把气球当作云朵，用线绳固定在城堡四周，让城堡仿佛飘浮在云端。

经过两周的不懈努力，师幼共同完成了一幢幢独具匠心的大型纸箱房子创作，一座充满想象与创意的"未来之城"在大家眼前缓缓展现。

"奇思妙'箱'，不'纸'于此"——"未来之城"纸箱迷宫环保科技活动盛大开启。活动现场，各式各样的纸箱和纸板成为孩子们开启创想大门的钥匙。现场的"孩子王"鼓励孩子们巧妙运用这些简单材料，开展创意制作与搭建活动，让孩子们在动手实践中，积累创造性艺术经验，探索空间布局的奥秘，全方位激发想象力与创造力。

在活动过程中，孩子们面临多重挑战。他们要运用纸板开展创意搭建，进行大面积的纸箱迷宫搭建，要开展各班对应领域的大面积艺术创作，还要将前期"一班一房"和"一家一作品"环节中诞生的作品，精准安放到"未来之城"的 5 个主题区域里。

在众人的共同努力之下，"未来之城"纸箱迷宫的初步构建得以顺利完成。搭建纸箱迷宫时，孩子们迅速分成小组，齐心协力搬运纸箱。他们双手紧握沉重的纸箱，小脸涨得通红，脚步却异常坚定。在固定结构时，孩子们和老师一起拿起扎带，将一个个纸箱紧紧捆牢，那认真的模样，俨然成了一个个"专业小工匠"。

紧接着，一场别开生面的粉刷行动拉开帷幕。大年龄段孩子们需要在五大主题区域，进行外墙背景的粉刷创作，他们纷纷化身充满活力的小小粉刷匠，积极投入到刷墙工作中。

在粉刷过程中，孩子们充分发挥想象力，灵活运用各种工具。有的孩子直接用小手蘸取喜欢的颜料，在墙面上自由涂抹，用童真的触感，为"未来之城"增添温暖的气息；有的孩子拿起刷子，有节奏地上下挥动，细致勾勒出区域轮廓，赋予墙面丰富的层次感；还有的孩子推动滚轮，快速为墙面覆盖底色，高效完成大面积的着色任务。

在颜料与纸箱的亲密接触中，"太空之城"的深邃、"地下之城"的神秘、"海上之城"的壮阔、"海底之城"的斑斓、"天空之城"的澄澈逐渐呈现。孩子们用创意和热情，为"未

来之城"披上绚丽多彩的外衣，让这座充满奇思妙想的迷宫愈发鲜活生动。

在"未来之城"纸箱迷宫里面，不同年龄段的孩子们开始了内墙装修工作。对于孩子们而言，在墙面上尽情涂鸦，大概是藏在心底许久的梦。

当接到"未来之城"纸箱迷宫内墙装修的任务时，孩子们迫不及待地举起画笔。瞧，最萌的老三们，用小手紧紧攥着画笔，一会儿画圈圈，一会儿画螺旋线，眼神专注又欣喜，完全沉浸在创作的乐趣中。他们用稚嫩的笔触，为内墙添上了一个个歪歪扭扭却充满童趣的图案。老二们则多了几分创意，几人一组热烈讨论，分工合作，有的负责勾勒轮廓，有的专注填色，将脑海中的奇妙世界一点点呈现在墙面上。老大们更像是专业"设计师"，手中的画笔在墙面上自如游走，他们不仅对色彩搭配有独特见解，还能巧妙运用各种工具，在内墙上绘制出富有层次感的复杂场景。同时，作为老大，他们还在"一家人"中扮演着"小老师"的角色，对此次任务进行了安排：谁负责绘制主体场景，谁来设计装饰元素，用哪些色彩搭配，都安排得井井

依霖还开启了奇思妙"箱"之"一家一作品"活动。孩子和家长们依据班级所负责的"未来之城"五大主题，在家亲子制作小型纸箱或纸板作品。这一活动不仅为亲子间创造了大量交流互动的机会，助力孩子在家人陪伴下拓展知识探究的边界，更让他们在温馨的亲子氛围中感受爱，获得成长。

有条。因为喜欢，"一家人"全身心投入其中。他们不放过任何一个角落，一边创作，一边根据实际情况微调方案。

纸箱迷宫的每一处都承载着孩子们天马行空的想象与独一无二的设计，"未来之城"弥漫着童真的气息。

在"未来之城"迷宫墙体创作时，奇妙的互动悄然发生。孩子们正专心致志地涂抹着，不经意抬头，就发现对面有熟悉的小伙伴。瞬间，眼睛亮了起来，兴奋地踮起脚尖，扯着嗓子喊："嘿——"清脆的呼喊声在迷宫里回荡，紧接着，是一阵此起彼伏的"哈哈哈"的笑声。

创作过程中，他们瞧见旁边的小窗，像发现新大陆一般，弯下身子，灵活地钻了过去。一个孩子激动地指着墙面，大声说道"看，还能这样画！""哈哈哈"的笑声，再次打破了创作中的宁静。

"你在那边画了什么？""那我过去看。""我也要来看你的。"孩子们你一言我一语，话语中满是好奇。于是，他们在迷宫通道里来回穿梭，小脚丫也欢快地起飞，一次次飞过通道。跑过去欣赏完小伙伴的作品，又匆匆返回，继续装点自己的"小天地"。一来一去间，脚步轻快，身影灵动，欢声笑语填满了整个"未来之城"。

活动期间，孩子们的参与贯穿始终。从最初迷宫的搭建，到大面积刷色、涂鸦，再到最后的作品上墙，每个环节都有他们活跃的身影。大面积刷色与涂鸦阶段，孩子们化身创意十足的小艺术家，用手中的画笔为迷宫添上绚丽色彩。而到了亲子作品、日常作品上墙环节，孩子们更是热情高涨，积极参与作品的搭建与摆放，认真调整每一件作品的位置，力求达到最佳展示效果。

在全体"依霖人"——老师、孩子和家长的共同努力下，一座承载着大家奇思妙想的"未来之城"纸箱迷宫终于完工！这座迷宫不仅仅是一件艺术作品，更是大家团结协作、创新实践的结晶。

当阳光洒下，这座融合了梦幻城堡与科技未来感的迷宫，在眼前徐徐展开。"未来之城"的每一个纸箱、每一道色彩，都是孩子们用双手"一砖一瓦"搭建起来的。此刻，我们不禁思索："孩子们会喜欢吗？""又会有多喜欢呢？"或许，当他们置身于亲手打造的空间里，穿梭于每一条精心设计的通道，抚摸着创意满满的墙面时，脸上绽放的灿烂笑容，便是最好的答案。

见"未来之城"纸箱迷宫落成，孩子们眼中瞬间迸发出难以抑制的兴奋光芒，迫不及待地一头扎进这个新奇的世界，开启了探索之旅。他们像一群欢快的小鹿，在错综复杂的迷宫通道中来回穿梭，时不时发出银铃般的笑声。有的孩子三五成群，一同寻找迷宫的出口；有的孩子独自探索，发现藏在角落的"神秘空间"，兴奋地向小伙伴分享自己的新发现；还有的孩子钻进了五大区域地的房子里，相互介绍着创作的奇思妙想……他们探索时的认真和专注，都足以证明这座城在他们心中的分量。

我们在和孩子们深入交流的过程中，再次真切地感受到，孩子的想象如同天马行空。在他们的世界里，未来有着无限的可能性。正是孩子们这些充满童趣的想法，点燃了依霖第八届"小不点"科技节——"奇思妙'箱'，不'纸'于此"纸箱迷宫环保科技活动的灵感火花。在近一个月的主题活动中，幼儿园和家庭紧密合作，不仅拓展了孩子们的思维，更陪伴他们开启了一段妙趣横生的探索之旅。

这届精彩的科技节虽暂告一段落，但操场上的大型纸箱迷宫在活动结束后的两周内依然保留，孩子们每天都能在此处尽情畅玩、深入探究。活动的结束，并非探索的终点，后续还有哪些新奇玩法？玩坏的纸板该如何处理？我们也将紧紧追随孩子们的思考，持续陪伴他们探索。

在整个活动期间，依霖教职工和家长们用实际行动，完美践行了依霖"笑"园文化中"志同道合，捆绑前行"的教育理念。教育并非一个人的任务，只有所有参与其中的成人都付出100%的努力，孩子们才能获得真正意义上的成长。

看似简单的纸箱，其实是孩子们探索创意与科技融合的起点，用最质朴的材料搭建寻找通往"未来之城"的钥匙。

「三人行，必有我师。」在陪伴孩子成长的路上，我们亦师亦友，只想『走进孩子，静静地为孩子们做点事』，获得只属于我们职业的那份幸福和快乐！

教育便是：「抓住每一个可以为孩子们拓展的机会，为孩子们打开一片天，而不仅仅是一条路。」

儿童发展过程中需要综合性的学习，不能限于某一科或某一部分的内容，而应该是你中有我，我中有你，黏合的。

当游戏照进生活

Diary of Yilin Courtyard

"满'瓶'欢喜,'友'你真好" 情绪主题开学典礼活动

《幼儿园工作规程》指出:"幼儿园应当关注幼儿心理健康,注重满足幼儿的发展需要,保持幼儿积极的情绪状态,让幼儿感受到尊重和接纳。"培养幼儿快乐、勇敢、积极、自信、乐观等良好情绪是现代教育必须重视的内容。

思路

人的情绪波动是一个极为复杂且多变的过程,这一过程受到生理、心理、社会环境等多种因素的综合影响。即便对于尚处学龄前阶段的幼儿而言,他们也已经开始表现出情绪的多样性:如因自我中心倾向,未得到满足而产生愤怒情绪,面对超出理解范围的事物时流露出困惑神情。随着时间的推移与个人的成长,幼儿的情绪体验愈发丰富,开始表现出依恋、焦虑等情绪。"孩子王"要做的,就是引导幼儿应对分离焦虑和情绪易波动问题,帮助幼儿察觉自身情绪反应,允许情绪在恰当的时候自然表达,并感知情绪的存在。当情绪产生时,引导幼儿主动向他人坦诚表达情绪，学会努力控制自己的情绪等。

绘本《情绪瓶子》是一本能引导幼儿认识、表达、分享情绪的心理辅导绘本。该书巧用比喻手法，把瓶子比作人的内心世界，通过瓶子中"装满的各种情绪"来诉说每个人内心的想法，以此帮助幼儿找到识别和表达情绪的最佳方法。每一次阅读绘本《情绪瓶子》，都是一次探索内心的好机会。

初秋时节，向阳花又开，新学期已然来临。孩子们，你们好吗？你们的心情怎么样？是期待、激动、紧张，还是有些小害怕？没关系，这些小情绪都很正常。如果你有各种情绪，都可以告诉"情绪小瓶子"，它会帮助你。"孩子王"将带着你们一起探讨怎样理解情绪、表达情绪，学习处理情绪的方法。希望你们积极参与，学会调节自己的情绪，勇敢表达，乐于分享。

目标

· 让幼儿在欢乐的、仪式感满满的开学氛围中，满怀好奇地参与情绪主题开学典礼，体验与兄弟姐妹重逢的激动，感受与新老朋友互动的喜悦，遇见开学季所有的小美好。

· 在当今快节奏的社会环境下，成人的压力与情绪波动常常无意间影响着幼儿的内心世界。幼儿正处在情绪感知的萌芽期，面对复杂多变的环境，引导幼儿学会用不同的方式正确接纳、表达情绪，并掌握有效缓解情绪的方法。

· 引导幼儿关注并识别兴奋、激动、喜悦等积极情绪，帮助幼儿认识在新环境中可能产生的紧张、不安、担心等情绪，让幼儿尝试用自己喜欢的方式表达自己的情绪感受。

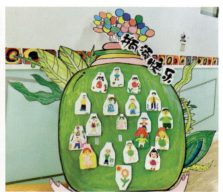

实录

我们又一次迎来了新学期。过去的一学期，我们一同踏上了情绪管理的探索之旅，努力帮助每一位小朋友拥有安定、愉悦的心境。当欢声笑语再次在依霖小苑里响起，我们带着全新的期待，将"情绪瓶子"作为新旅程的起点，开启充满希望的新学期。

在这场开学典礼上，满是相遇的欢喜。许久未见的小伙伴，笑容依旧灿烂；刚结识的新朋友，眼神里透着友善。每一张可爱的脸庞，都为依霖小苑注入了生机与活力。此刻，我们想说："满'瓶'欢喜，遇见你，'友'你真好。"正是因为你们的存在，我们的小苑才充满故事，每一个瞬间都值得铭记。让我们一起在"情绪瓶子"的陪伴下，继续探索和各种情绪相处的奥秘！

幼儿每一年的成长，都需要一些小小的仪式感来烘托，这些仪式虽小，却能激发幼儿积极的情绪。"满'瓶'欢喜，'友'你真好"开学典礼活动中，幼儿被允许表达自己的各种情绪，再加上"孩子王"给予的适当引导，往往能取得事半功倍的教育效果。

每个班级门口都有"瓶瓶"签到板，每块"瓶瓶"签到板都有一个与"瓶瓶"相关的名字，每一个名字都饱含着老师对幼儿新学期的期许与祝福。

挑一个小瓶子，装上最喜欢的彩色水蛋。

五颜六色的小水蛋如同我们的小情绪。希望在新的学期里，我们能像小瓶子一样包容自己所有的情绪。彩色小水蛋汇聚在一起，洋溢着满满的喜悦和快乐。孩子们的快乐其实很简单，他们用心画出自己的心情，用快乐书写自己的健康与成长。

孩子们一笔一画，将自己的心情和名字认真写在纸条上，轻轻放入许愿瓶，开学第一天的各种心情，就这么满满地装进了瓶中。愉快的依霖小苑生活再次开启。

幼儿园里最小最新的小伙伴们尝试用黏土装饰瓶子，往瓶子里装满彩色纸条、彩色毛根或五颜六色的皮筋等。尽管小手还不太灵活，材料在他们手中歪歪扭扭，但每个孩子的眼神都无比专注。他们认真地创作属于自己的"情绪瓶子"。不一会儿，一个个色彩斑斓的"情绪瓶子"就在他们手中诞生了。创作结束，小家伙们把"情绪瓶子"一个一个垒起来，试图搭建一座属于自己的"瓶子塔"，偶尔塔倒了，也不气馁，咯咯笑着又重新开始。紧接着，他们又玩起了"情绪瓶子摇一摇"的游戏，摇晃瓶子时，瓶内的彩色物件跟着旋转舞动，引得孩子们惊喜欢呼……他们的玩法也跟制作的"情绪瓶子"一样充满创意和童趣。

芒。他们相信，在新学期里，这些自己亲手制作的情绪瓶子，会如同亲密无间的伙伴，装下他们的喜怒哀乐，帮助他们更好地表达内心的小情绪，陪伴他们健康快乐地长大。

孩子们带着纯真的笑容走进幼儿园大门，在这里与"满'瓶'欢喜，'友'你真好"活动温暖相遇，"'友'你真好"的温情标语，传递着纯真的友谊与温暖；当孩子们怀揣着这份愉悦来到班级门口，又邂逅了"情绪瓶子"签名板；走进教室，还会遇到一份惊喜——制作一个专属于自己的情绪瓶子……在这场精心策划的情绪主题开学典礼中，老师们通过趣味互动、情景模拟等方式，引导孩子们深入探索情绪的秘密。孩子们不仅认识到开心、愉快、激动等正面情绪带来的美好体验，也直观地了解到生气、难过、害怕等负面情绪同样是生活的一部分。

哥哥姐姐们的"情绪瓶子"创作方法更多样，他们用画、剪、缠、绕、压等多种方法创作"情绪瓶子"。有的拿起画笔，在纸上勾勒出象征快乐的太阳、彩虹，随后熟练地用剪刀沿着线条剪下，小心翼翼地粘贴到瓶子上；有的将毛线、毛根等材料一圈圈地缠绕在瓶子上，用缤纷的色彩编织出属于自己的情绪密码；还有的把彩纸反复折叠、按压，制作出精美的纸花，装点在瓶子四周。尽管哥哥姐姐们的创作手法和呈现效果各有不同，但每一个情绪瓶子在他们眼中都独一无二，只属于他们自己。创作完成后，孩子们手捧着自己的作品，眼中闪烁着自豪的光

在新一轮的情绪主题学习体验活动中，"孩子王"们会引导幼儿传递正面情绪、管理负面情绪。哥哥姐姐们也可以在情绪表达和管理上给予弟弟妹妹们一些帮助。比如和伙伴在游戏中愉快情绪的传递；被别人帮助时对高兴情绪的分享；当身边伙伴给大家带来正面情绪时要懂得感谢；当生活游戏中一

哇！我们创作的情绪小瓶子里藏着好多小秘密。开心像甜甜的彩虹，难过是灰灰的乌云，和我们一起用情绪瓶子装下不同的心情吧！

些孩子与小伙伴发生矛盾产生负面情绪时，周围伙伴要及时给予安慰。"孩子王"要通过引导与评价让幼儿逐渐认识到理解和管理自我情绪的重要性。

　　幼儿阶段是情绪认知与管理的关键时期，让孩子分辨正面情绪和负面情绪并非一蹴而就，情绪的认知与管理也不是靠几场活动就能实现的。这就如同培育幼苗，需要老师们如春雨般，将情绪管理教育融入每一个日常，帮助孩子们在面对不同情绪时，学会理解、接纳和合理表达，在持续且细致地日常引导中，为孩子们的健康成长筑牢基石。

夏季水战，一触即发

水枪激战解锁夏日超燃对决

穿上自制战袍踏入战场，在飞溅的水花中，战袍成为欢乐的见证，与伙伴们相互"攻击"、肆意大笑，共同书写属于这个夏天最酣畅淋漓的记忆。

思路

孩子们："这几天太热了，太阳晒得我们感觉皮肤都要被烤焦了，怎么办？"

"老师，我们的皮肤需要喝水了，能不能给我们的皮肤浇浇水？"炎炎夏日一到，孩子们又想起了去年夏季打水战的情景。玩水是夏天主题中不可或缺的活动，因为这是孩子们特别喜爱的活动之一。在酷热的暑期，孩子们又期待来场梦寐以求的"水战"了。

"孩子王"们洞察到孩子们的小心思，抛出问题："你们想打水战了？今年你们想怎么打？准备怎么玩？怎么玩得和去年不一样？"年年玩水战，怎么玩出不同花样，"孩子王"们也在思考并变着法子引导幼儿在讨论中构思不同玩法，如水战泡泡趴、水枪大战、锅碗瓢盆泼水大战等。除了这些玩法，今年的水战，还能怎么玩呢？

师生共同讨论中：

老大提议：一个"家庭"和另一个"家庭"对打。

老三问：怎么打呢？

老二说：世界杯运动员游泳比赛，比赛就像打仗一样，运动员出场都要穿"战袍"。

老大说：这简单，我们自己制作一件水战"战袍"。

老三问：用什么东西做呢？用布还是报纸呢？

老二说：不行，报纸和布遇到水都会湿掉、烂掉。

老大说：我们可以用雨衣来做啊！

于是，一场别具一格的水战即将开启。

目标

· 通过设计水战专属"战袍"——雨衣，为幼儿的水战活动增添别样乐趣。

· 在设计"战袍"的过程中，引导幼儿充分发挥创造力与想象力，设计出风格独特的"战袍"，借此激发幼儿参与水战活动的兴趣，获得夏日独特的体验与成长。

实录

为了让这场水战更加趣味横生，水战开始之前，"孩子王"们为幼儿准备了制作"战袍"的材料（雨衣、油性笔等），让他们可以亲手设计一件独一无二的"战袍"，为即将踏上的"战场"做好准备。

当孩子们得知可以亲手设计自己的防水"战袍"时，个个兴奋不已。他们眼睛里闪烁着光芒，迫不及待地挑选喜欢的雨衣颜色、心仪的材料，脑袋里满是天马行空的创意。

水战即将开始，要设计一件什么样的"战袍"呢？

在"战袍"设计过程中，面对比平时画纸更大的设计背景和不同的材质，孩子们在设计中发现：雨衣和画纸不一样，画着画着雨衣就跑起来了。"咦？它会跑啊！得紧紧摁住！""呀，雨衣这么大，画的内容就变小了！要画大，要加粗！""这笔也不能用普通的勾线笔，得用油性笔才行，否则画不

上去啊！"这雨衣画布和平时的画纸可不一样，真是实践出真知啊！

创作过程中，孩子们用稚嫩的画笔把整个夏天都"装"进了"战袍"：有的孩子把所有喜爱的物品——画进"战袍"，有的孩子将三年的回忆满满地"装'进了"战袍"，还有的甚至将自己的小故事也写进"战袍"。

孩子们惊奇地发现，原来创作不一定是在纸张上完成的，雨衣和白纸不同，画着画着雨衣就想"逃跑"，在大面积画布上作画并不简单。他们认真做事时，眼神专注，两耳不再闻窗外事，仿佛整个世界都集中在大脑和手的连接上。努力的孩子最可爱！"孩子王"们看着眼前的情境，笑道："我们干脆开一个依霖小不点儿雨衣设计厂。""没想到小人世界里的'工人'也有模有样，一点都不输大人。""战袍"设计为今年的水战添上了浓墨重彩的一笔。

看！设计中混龄味超足。

"嗯！画得真棒，弟弟加油哦！"哥哥姐姐鼓励道。

弟弟妹妹说："和哥哥姐姐在一起，感觉真好！"这句"感觉真好"里满是弟弟妹妹心里特别的安全感。依霖"家庭式"混龄教育为幼儿提供了一个真实的"小社会"，在混龄环境中无须过多言语，大护小、小爱大，大教小、小学大的互动自然而然就会发生，他们随时会带给我们惊喜！在创作"战袍"过程中，大小年龄段的幼儿真实互动的情景随处可见。

为什么幼儿教学可以做得如此放松、如此温暖、如此感人呢？因为，这时候的孩子们是生活在他们自己的小世界里的。兄弟姐妹之间有他们能听懂、能理解、能包容的状态，以及语言和非语言的交往，他们适应"小人世界"群体。无论是学做人、学生活还是学学习，他们都没有任何心理负担，情绪始终是稳定的。这些孩子无论在接受任务还是完成任务的过程中，展示出的都是从容淡定、自信大方、快乐积极的状态。

我们设计的水战"战袍"任务完成。"哇！要试穿水战'战袍'了，好激动啊！"穿上自己设计的独一无二的水战"战袍"一起亮相的那一刻，孩子们的欢喜、自豪、得意、

爱不释手无须赘言，"战袍"已然成为他们的"心尖宝"。有的孩子悄声地对小伙伴说："回家我要把爸爸妈妈的雨披也设计成'战袍'。"

相机咔嚓、咔嚓……记录下兄弟姐妹在一起试穿水战"战袍"的美好瞬间。"孩子王"们透过孩子们的背影，读到了感动，读到了信任，读到了收获，读到了喜悦。

这些"战袍"的设计不仅仅承载着孩子们的奇思妙想，更将为即将开始的水战增添了一抹别样的童趣。

哇！"一家人"的最酷水战正式开始啦！穿上自己设计的"战袍"的孩子们，好似一

个个真正的战士，勇往直前，快、准、狠地果断出击，士气十足，战斗力满满，战况一度激烈到令人无法想象！战斗方法：出其不意、声东击西、团队围攻、攻其不备……只有想不到的，没有看不到的场面。"别动，我逮住你了！""哈哈，吃我一枪。"……孩子们穿着"战袍"在操场上奔跑嬉戏，这场水战已成为他们童年中一段无比珍贵的回忆。

"孩子王"欣喜而动情地说，我们真的和孩子一样"高"了。如此岁月静好。世间没有不平之事，只有不平之心。唯有心灵上做到平静如水，才能始终坚持对孩子们那份炽热的爱，始终坚守最初之心。

在陪伴孩子一路成长的路上，我们亦师亦友，只想"走进孩子，静静地为孩子们做点事"，获得只属于我们职业的那份幸福和快乐！

打水仗活动结束后，老师们将孩子们脱下的泳衣、水枪等装备清洗晾晒在阳台。这不仅展现出老师们对孩子无微不至的关怀，更将依霖"一手净"的理念化作实际行动，为孩子们树立了及时整理、爱清洁、讲卫生的榜样，让这一教育思想在日常点滴中浸润孩子的成长。

泡沫之夏，嗨翻天

漫天泡沫共赴夏日清凉欢乐派对

纯白泡沫如云朵倾泻，瞬间将水池化作童话秘境，跃入绵密泡沫池，奔跑、嬉戏、追逐，沾满泡沫的笑脸、飞扬的水珠、肆意的姿态，每一帧画面都是夏日限定的欢乐记忆。

思路

日光炎炎，蝉鸣阵阵，夏天正带着炽热的活力奔涌而来！对孩子们而言，夏天是吃冰激凌时嘴角的甜蜜，是泳池里溅起的欢乐水花，更是打水仗时肆意的欢笑。

为了让孩子们在炎炎夏日里，既能感受到清凉与欢乐，又能探索水和泡沫的奇妙世界，我们精心筹备了"泡沫之夏，嗨翻天"夏日玩水活动。在梦幻如海洋世界般的泡沫

池中，孩子们可以换上可爱的泳衣，带上专属的水枪，在打水仗的欢乐对战中释放活力，在充满趣味的泡沫探究中嬉笑玩耍……在尽情玩乐的同时，了解水的特性，探究泡沫形成的奥秘，在玩中学，在学中玩，收获知识与欢乐。

目标

· 通过不同形式的玩水活动，帮助幼儿感受夏天的美好。

· 激发幼儿探究水和泡沫的兴趣，让幼儿体验和小伙伴一起玩泡泡水的快乐，收获一个充满欢乐与探究的夏天。

实录

在依霖小苑里，"孩子王"们的一番话，瞬间点燃了孩子们的热情。孩子们惊喜不已，兴奋地连连发问，问题一个接着一个，像极了"高炮球""地滚球"。一会儿有人问："老师，今天是要在那个大城堡里玩水吗？"一会儿又有人好奇："老师，那个大大的黑色装备是什么？是发射器吗？"还有孩子猜测："老师，这该不会是给弟弟妹妹们准备的吧？"面对孩子们潮水般的问题，老师从容地"接招"，轻声说道："请在 10 分钟之内换好泳衣，把换下来的衣服叠好放在小椅子上，超出时间可不等哦！"孩子们一听，立刻行动起来，简直如同军训紧急集合一般迅速。

当大家来到小苑操场，眼前的景象瞬间让孩子们集体惊呼："水池里全是泡沫呀！""老师，今天我们是玩泡泡浴吗？""老师，这蓝蓝的水，白白的泡沫，好像蓝天白云掉进了泳池里。"此刻，孩子们焦急地等待着老师的指令。终于，老师开口："老大请带好弟弟妹妹们，'一家人'可以下水啦！"孩子们欢呼雀跃，迫不及待地奔向水池，一场欢乐的玩水之战正式开启。

孩子们对泡泡的喜爱从心底自然流露，笑容怎么也藏不住，一个个小脑袋里全是和泡泡玩耍的奇妙想法。

刚一下水，孩子们便迫不及待地伸出双手，想要抓住泡泡。双手合拢，再慢慢摊开手掌，掌心里就聚满了晶莹剔透的小泡泡。紧接着，有的孩子想抱住一个大泡泡，尝试了一次又一次，可每次大泡泡都像调皮的精灵，从他们的怀抱中溜走，让人忍不住纳闷："为什么就是抱不起来呢？"

有的孩子突发奇想，把泡泡堆积起来，试图堆出一个"雪"人。但泡泡就像活泼的小泥鳅，怎么都拢不到一块儿，刚堆好一点，就又四散跑开。有的孩子打算把更多泡泡聚拢过来，将自己藏进泡泡的世界里，好奇于藏进去会是一种怎样的奇妙感觉。还有的孩子把泡泡和棉花糖联想在一起，心里琢磨着棉花糖是甜的，那泡泡又是什么味道呢？

孩子们一边尽情享受着泡泡带来的欢乐，一边在与泡泡互动的过程中，萌生出各种新奇的发现，脑海里冒出一个又一个有趣的小问号。

在泡沫池边，"孩子王"突然向孩子们抛出问题："雪花泡沫和雪花像不像？哪里像？哪里不像？"还没等孩子们回答，老师按下泡泡机按钮，挥动着泡泡筒，纷纷扬扬的雪花泡沫从空中缓缓飘落，宛如无数轻盈的小精灵，在金色的阳光里自在地舞蹈。孩子们瞬间欢呼起来"下雪啦！下雪啦！""雪在空中跳舞呢！""哇，雪花泡泡飘来飘去，好美呀！"他们仰着红扑扑的脸蛋，目光追随着雪花泡沫。

一阵微风拂过，雪花泡沫整齐地朝一个方向飘去。老大们大声发令："快抓住雪花泡，不要让它们飞走啦！"孩子们立刻行动起来，有的踮起脚尖，努力伸手去够；有的在水池中蹦蹦跳跳，试图拦截泡沫的飞行轨迹；还有的"家庭"成员围成个小圈，想要合力困住雪花泡沫。场面看似混乱，却又透着别样的秩序。欢笑声、呼喊声交织在一起，和雪花泡沫一同在依霖小苑的上空久久回荡。

老三说："老大，我抓不到泡泡，我一抓它，它就散掉了。"

老大说："老三，你可以用小桶抓泡泡试一试。"

老二说："哥哥，你看，我用双手一捧，就抓住泡泡了。"

……

"一家人"在发现问题、思考如何解决问题的过程中，不断尝试，不肯服输。这就是"小人世界"的精彩吧！

"泡泡为什么总漂浮在水面上，怎么让它们沉下去呢？""我来试试一掌把它们打下去。""泡泡轻，我们的身体重，用身体把泡泡压下去。"一群孩子围在池子的一角，眼睛直直地盯着水面上漂浮的泡泡，一场和泡泡"斗法"的小实验正在进行着。

率先出击的是老三，只见他双手猛地拍向水面，溅起的水花瞬间淹没了一片泡泡。可泡泡们像调皮的小精灵，很快又凝聚到了一起。

老二则小心翼翼地将身体缓缓下蹲，试图用整个身体的重量把泡泡压下去。但泡泡仿佛拥有灵性，总是在她快要成功的时候，又漂到一旁。老二不服输，不停地调整姿势，却始终拿泡泡没办法。

这时，老大也加入了"战斗"。他先是

在水里蹦跳，激起层层波浪，试图把泡泡冲散。但泡泡就像训练有素的士兵，在波浪中灵活闪避，依旧稳稳地漂浮在水面上。老大见状，干脆趴在水面上，手脚并用，使劲划水，希望借助水流的力量把泡泡压下去。然而，泡泡们只是随着水流转了几个圈，又重新聚集在了一起。

老三说："我刚拍下去，泡泡就躲开了，很聪明。"

老二说："我用尽全身力气压下去，泡泡一下子就跑到四周去了。"

老大说："我张开两手，打开双脚，再把身体压上去，泡泡还是逃掉了。"

经过一番激烈的"斗法"，泡泡依然漂浮在水面上，孩子们的压泡泡计划以失败告终。但他们丝毫没有气馁，反而被泡泡顽强的"抵抗"激发了斗志，开始商量着下一轮新的作战计划。

混龄兄弟姐妹们在这片欢乐天地中尽情嬉戏，欢笑声、打闹声交织在一起，为这美好的乐章增添了许多生动的音符。

突然，老三一个不小心，将泡沫弄进了老大的眼睛里。老大下意识地眯起眼睛，抬手揉了揉。老三有点慌张，声音里带着一丝

丝歉意："哥哥，对不起，我是不小心的。"老大温和地笑了笑，安慰道："没关系啊，哥哥擦一擦就好了，以后可要小心一点！"

不远处，老二原本有些畏缩，紧紧抓着池边，不敢深入玩耍。姐姐（老大）注意到后，来到老二身边，耐心地鼓励并带着她一起玩。她渐渐放松下来，脸上也露出了笑容，轻声地对姐姐说："姐姐，你带着我玩，我就不害怕了。"老大轻轻摸了摸老二的头，笑着回应："姐姐会保护你的，你不用怕。"

在这充满欢声笑语的泳池里，混龄兄弟姐妹们遇到问题时，没有争吵，没有哭闹，总是那么友爱，那么谦让，凭借着彼此间的

关心与爱护，让问题迎刃而解。他们纯真的心灵，如同这纯净的白色泡沫毫无杂质，这份纯粹的爱与善良，很温暖，很明亮。

公园、游乐场里那些超受欢迎的水上乐园设备，如今也"搬"进了依霖小苑。孩子们被漫天飞舞的泡泡包裹着，每个人脸上都洋溢着按捺不住的欢喜，眼里闪烁着浓浓的好奇。他们尽情地发挥想象力，用抓、抛、吹、捧、戳等各种方式与泡泡嬉戏玩耍，感受着泡泡的柔软与轻盈，欣赏着泡沫在阳光照耀下折射出的七彩光芒。幼儿园里一片沸腾，欢呼声、呐喊声、尖叫声、欢笑声此起彼伏，奏响了一曲欢乐的乐章。

你以为这场狂欢到此为止了？当然不是！孩子们纷纷拿出自备水枪，又展开了一场激烈的水枪大战。一道道水柱在空中划过，孩子们嬉笑闪躲，玩得不亦乐乎。还有超大水上滑梯，瞧，他们从滑梯上飞速滑下，溅起一片片欢乐的水花。

老三兴奋地对"孩子王"说："老师，太棒了！""孩子王"笑着回应："爱，就该如此！"此时，"孩子王"的脑海中突然浮现出唐朝白居易《奉和令公绿野堂种花》中的诗句："绿野堂开占物华，路人指道令公家。令公桃李满天下，何用堂前更种花。"

瞧，小可爱灿烂的笑容，让一池碧水都溢满快乐。

在这场活动中，孩子们尽情吹泡泡、玩泡泡，还参与戏水、划艇、打水仗、游泳、水上乐园等项目，每一个角落都充满了他们的欢声笑语，真正嗨翻了天。一场酣畅淋漓的水上泡泡大战，不仅让孩子们度过了一段无比欢乐的时光，更在他们幼小的心灵中，种下了纯洁美好、健康快乐的种子。相信这样充满欢乐与惊喜的泡沫之夏，一定会成为孩子们童年中最珍贵的回忆，伴随他们一生。而且，在依霖小苑，这样的美好每年都将如期而至，年年花开，让快乐永远延续。

当这场欢乐的水上泡泡派对接近尾声，孩子们身上满是泡泡残留。这时，老师们立刻行动起来，帮助孩子们清除身上的泡泡，为他们换上干净整洁的衣裳，还仔细地吹干他们湿漉漉的头发。老师们将孩子们玩水的装备一一洗净，随后整齐地摆放晾晒。

在整个活动过程中，老师们陪伴着孩子们尽情玩耍，始终甘当"孩子王"。而让孩子们安全、快乐地体验趣味活动，毫无后顾之忧，绽放灿烂的笑容，就是老师们心底最质朴、最纯粹的心愿。

"缤纷夏日，瓜分快乐"
西瓜派对主题活动

从吃瓜大赛的速度比拼到科学实验的脑洞大开，从运动游戏到创意美食，再到西瓜主题绘本的沉浸式体验，多场景联动，用西瓜串联一场视觉、味觉、触觉的欢乐盛宴。

思路

夏天是藏着许多小美好的季节。在依霖小苑的夏天，孩子们可以同水嬉戏，与书为友，和冰互动。在这个有趣而欢乐的季节里，吃上一口香甜的西瓜并与西瓜开个"派对"，会是怎样的一种体验呢？

老二问：西瓜我们都认识，也吃过，怎么和西瓜开派对啊？

老三问：派对是什么呀？

老大问：我们"一家人"可以开派对，西瓜又不会讲话，又不会做事，怎么开派对呢？

老师说：这些问题都是好问题！对呀，怎么和西瓜开派对呢？

老大说：派对在英文里叫"party"，是聚会的意思。虽然西瓜不会说话、做事，但咱们可以玩西瓜游戏、吃西瓜呀！

老师表扬老大说：对，西瓜确实没法像我们一样开派对，但咱们能围绕西瓜玩出新花样，来一场西瓜主题派对，比如西瓜雕刻、西瓜汁大赛，乐趣可不比普通派对少。

夏日的水果很多，西瓜是夏日最具有代表性的水果，同时与依霖绘本阅读和清凉一夏主题活动相契合。依霖以"这个瓜，我们吃定了"为主题开展西瓜派对主题活动，通过绘本活动、运动游戏、创意活动、美食分享等，带幼儿走进"瓜瓜"世界，一起"西西"哈哈，嗨翻一夏。

目标

· 融合依霖阅读月活动，以绘本《蚂蚁和西瓜》为载体，开展一系列与西瓜有关的活动，包括绘本阅读、运动游戏、创意活动、美食分享等，让幼儿体验和小伙伴一起"瓜分"夏日快乐的乐趣。

· 通过西瓜派对主题活动，带领幼儿走进"瓜瓜"世界，了解西瓜的"一生"。

实录

　　依霖的夏日，孩子们能尽情地与水嬉戏，与书为友，还能与冰亲密互动，享受夏天独一份的清凉乐趣。在这样有趣而欢乐的季节里，举办一场西瓜派对，将会带来怎样的奇妙体验？西瓜，作为夏日的"标配"，既充满夏日气息，又与依霖绘本阅读和"清凉一夏"主题活动十分契合。此次西瓜派对内容丰富，孩子们可以参与西瓜主题绘本演绎，趣味西瓜运动游戏，西瓜创意手工制作，还能进行西瓜美食分享，尽情探索"瓜瓜"世界，收获满满的欢乐。

　　今年夏天，"多巴胺穿搭"火遍全网。在依霖"缤纷夏日，瓜分快乐"西瓜派对中，多巴胺色彩碰撞同样吸睛。活动现场，鲜艳的色彩搭配趣味十足的配饰，营造出缤纷氛围。当孩子们穿上多巴胺服饰与火红的西瓜为伴时，一场充满香甜气息的夏日派对就此拉开帷幕。

　　活动开始前先来热个身，和瓜瓜玩个"击鼓传瓜"游戏。传瓜游戏远比我们预想的更具挑战性，西瓜一个接一个传递，容不得一丝马虎。"听音乐，千万别掉了！"活动现场，大年龄段幼儿鼓励弟弟妹妹的声音接连不断。无论是捧瓜的孩子，还是等待接瓜的孩子，个个神情专注，有的脸上挂着微笑，有的略显紧张，有的小手不自觉地张开，时刻准备接瓜……大孩子们十分暖心，有的小心翼翼地将西瓜送到弟弟妹妹怀里，等弟弟妹妹稳稳拿住后才放心松手；有的主动跨出一步，从弟弟妹妹手中接过西瓜，避免西瓜掉落。

紧接着，趣味十足的"西瓜抱一抱"游戏欢乐开场。主持人发布游戏指令，报出"瓜数"，孩子们则化身"西瓜"。当主持人喊出"两个西瓜抱一抱"时，小朋友们要迅速做出反应，快速找到一个小伙伴，两个人紧紧抱作一团。

瞧，哥哥会主动抱住弟弟，姐姐也毫不示弱，轻轻抱住妹妹，孩子们之间的互动温馨又有爱，想必此刻他们体内的"多巴胺"正在疯狂分泌。随着游戏推进，抱在一起的"西瓜"数量越来越多，现场的笑声一阵高过一阵，整个依霖小苑都沉浸在无尽的欢乐之中。

在瓜瓜游戏中"孩子王"们创意迭出，为大家带来了新玩法。老师带着孩子们一边手拉手围圈拉成"大西瓜"，一边念口令玩"切西瓜"游戏："切切切西瓜，圆圆的西瓜一切二，变成 2 个小西瓜；切切切西瓜，圆圆的西瓜一切二，变成 4 个小西瓜……"。在轻松愉快的氛围里，孩子们不仅体验到了游戏的乐趣，还轻松掌握了数学小知识，明白了 1 的 2 倍是 2，2 的 2 倍是 4，4 的 2 倍是 8，比起死记硬背，这种方式既有趣又高效。

玩完一系列瓜瓜游戏后，有趣的"瓜瓜舞"欢乐登场。大家伴随着节奏感十足的音乐，跳起了一段欢乐的西瓜成长舞。孩子们先小手拉小手，围成一个大西瓜的形状，随后纷纷蹲下，跟着音乐做起了将西瓜子种在地上的动作；他们将双手的手腕合拢，十指张开，模拟西瓜开始长小芽；随着音乐节奏的变化，他们慢慢站直身体，伸开双臂向上伸展，模仿西瓜爬藤的样子。无论是小西瓜，还是大西瓜，各种形态孩子们都能生动演绎出来。随着音乐推向高潮，"瓜瓜舞"在全体幼儿手拉手围成一个大圆圈，并齐声喊出"我买一个大西瓜"中画上了句号。

在西瓜派对中，绘本体验环节围绕《蚂蚁和西瓜》展开。这本绘本巧妙融合了艺术、语言与科学知识，为孩子们打开了探究的奇妙窗口。活动中，孩子们围绕书中情节热烈讨论：蚂蚁群是怎样分工协作的？当面

对搬不动的大西瓜时，小蚂蚁会想出什么办法呢？小蚂蚁最终是怎样把西瓜搬回洞穴的？西瓜太多，蚂蚁洞穴装不下了又该怎么解决？剩下的西瓜皮，还能派上什么用场？

活动现场，孩子们的一举一动都令人动容。男老大关切地凝视弟弟，眼神中满是询问。"弟弟，你遇到什么难题了吗？"戴眼镜的男老大一本正经地问道。女老大们则十分贴心，商量好绘本创作思路后，还不忘跟老师报备一声，尽显乖巧。

在创作过程中，孩子们不仅探讨了与西瓜相关的其他绘本，还齐心协力绘制了属于自己的《蚂蚁和西瓜》故事小书。事实证明，

只要孩子们全身心投入，就没有做不成的事。这次绘本创作，不仅锻炼了孩子们的想象力与创造力，更在他们心中种下了热爱阅读、勇于探索的种子。

除了绘本活动，西瓜还能和孩子们碰撞出不同的绚丽"火花"：一顶造型独特的西瓜靓帽、一把带来清凉的西瓜凉扇、一个趣味十足的西瓜盘挂饰……

在瓜瓜派对上，孩子们借助红绿撞色的西瓜手工创作，深入探索多巴胺色彩的魅力。孩子们在动手制作的过程中，解锁属于自己的小小快乐密码，感受趣味十足的瓜瓜味道。就拿制作"'瓜'目相看"的瓜瓜帽来说，这一活动为孩子们的创意提供了广阔

的施展空间。幼儿天生就具备绘画天赋，他们不受传统观念的束缚，观察到什么，就会画下什么，哪怕画作只有三分形似，只要他们能自圆其说，便是成功的创作。绘本中的图案、图形，生活里接触的西瓜影像、视觉符号，经过孩子们的观察和解读，都能融入他们的创作，成为大脑右半球的宝贵财富，而这一过程，正是图像识读能力的体现。

幼儿的创造意识远超成人。他们没有心理负担，也不会被固有思维限制，能够轻松地将大脑中熟悉的图形、符号自由组合，创造出别具一格的作品。在依霖小苑举办的各类活动中，宽松自由的环境，丰富多样的材料，充分激发了孩子们的好奇心。孩子们接

触西瓜实物，参与西瓜游戏，聆听西瓜故事后，西瓜帽子、西瓜扇子、西瓜挂饰等作品的创作便水到渠成。

在幼儿的创作过程中，我们不必过分纠结于画作是否逼真，作品质量是否优秀，重要的是让孩子们在创作中收获快乐，保持对世界的好奇，释放天马行空的想象力。每一次创意实践，都是孩子们在积累宝贵财富，这些能力将为他们未来的学习和生活，筑牢坚实的根基。

我们还开展了以西瓜为主题的美食活动。吃瓜大赛是非常受孩子们欢迎的西瓜美食活动之一。孩子们迫不及待地围在比赛区

域，眼睛紧紧盯着摆放整齐的西瓜。随着负责人一声令下，孩子们迅速拿起西瓜，大口大口吃起来。清甜的西瓜汁顺着嘴角流淌，滴落在衣服上，他们也全然不顾。有的孩子狼吞虎咽，腮帮子鼓得像小仓鼠；有的孩子细嚼慢咽，时不时观察一下周围小伙伴的进度。场边的小观众们兴奋地呐喊助威，为参赛的小伙伴加油鼓劲，现场气氛热烈非凡。

在这欢乐的氛围里，孩子们一边品尝着清甜的西瓜，一边和身旁的兄弟姐妹嬉闹玩耍，尽情"瓜分"着无尽的快乐。这场吃瓜大赛，不仅给孩子们带来了味觉上的享受，更让他们在欢声笑语中收获了珍贵的友谊与美好的回忆。

在以西瓜为主题的美食活动中，"一家人"迎来了一场充满趣味的创作，经过兄弟姐妹的齐心协力，一份份独具匠心的西瓜冰激凌、西瓜水果捞、原味西瓜汁新鲜"出炉"。

刚刚做好的西瓜冰激凌，如同真的冰激凌一样，有融化的感觉。"哎呀，冰激凌要化了！"不知是谁喊了一嗓子。孩子们看着手中慢慢滴汁的西瓜冰激凌，没有丝毫犹豫，纷纷张大嘴巴，"啊呜啊呜"吃起来。瞬间，冰激凌不见了，只留下一抹甜蜜的回味和一张张幸福的笑脸。

另一边的兄弟姐妹们手持工具，兴致勃勃地挖出圆滚滚的西瓜小球，或将西瓜切成规整的小方块，尝试着做一份西瓜水果捞。色彩缤纷的水果相互碰撞，不仅仅带来一场视觉上的盛宴，更带来味蕾的极致享受。

瞧，现场还准备了鲜榨西瓜汁。一杯杯原汁原味的西瓜汁被端上桌，清甜的香气瞬间弥漫开来。孩子们迫不及待地一饮而尽，感受着西瓜汁带来的清爽，所有人皆大欢"西"，活动现场充满了欢声笑语。

在"瓜瓜"爆炸小实验课堂上，一场别

开生面的实验，瞬间抓住了孩子们的注意力，让他们惊叹连连。"什么？爆炸西瓜？""西瓜怎么会爆炸？会在什么情况下爆炸呢？"孩子们满脸疑惑，一连串问题脱口而出。带着这些好奇，每个"家庭"领取到半个西瓜和一瓶气泡水，兴致勃勃地开启了西瓜爆炸的小实验之旅。

有的孩子小心翼翼地将气泡水倒入被挖空的半个西瓜中，眼睛一眨不眨地盯着西瓜；有的孩子看到气泡冒出，激动得又蹦又跳。

这场西瓜与气泡水碰撞的实验，操作简单，趣味性十足，不仅为孩子们带来了无尽的欢乐，也为西瓜派对增添了别样乐趣。不得不说，"孩子王"们的创意十足，用这场实验激发了孩子们的好奇心与探究欲。

在热闹非凡的西瓜派对上，一系列超有趣的西瓜游戏，让孩子们都沉浸在欢乐的海洋，脸上绽放出灿烂笑容，尽情享受这场狂欢。瞧，在"极限拼'瓜'——西瓜拼图"区域，孩子们全神贯注，努力拼出完整西瓜

图案；在"圈乐个瓜——瓜瓜套圈"游戏现场，大家紧盯目标，抛出手中套圈，期待命中西瓜；在"西瓜很忙——棒棒运瓜"赛道上，孩子们手持小棒，护送西瓜向前冲刺；一旁的"瓜瓜坠地"挑战，也引来围观孩子们的阵阵惊呼；在"滚瓜烂熟，瓜田找瓜"环节，孩子们在模拟瓜田仔细寻觅；最有趣的当属"乌龟壳下找西瓜"，孩子们化身机灵小龟，在龟壳道具下探寻西瓜的踪迹。

当派对接近尾声，一个孩子的疑问引发了大家的共同讨论："老师，西瓜皮能吃吗？我们还没吃过西瓜皮呢！"紧接着，更多问题接连抛出："西瓜皮好吃吗？""西瓜皮有味道吗？是什么味道的？""西瓜皮有营养吗？""西瓜皮该怎么吃？"孩子们意犹未尽，探索的热情丝毫未减。

面对孩子们的提问，"孩子王"敏锐地捕捉到新的教育契机，当即回应："这些问题问得太棒了！接下来，我们一起来探索西瓜皮能不能吃，怎么吃。"

依霖团队是一个充满活力的学习型团队。在与孩子们相处的过程中，『孩子王』们时常会被孩子们的奇思妙想和新奇问题打个措手不及，有时候也会因孩子们抛出的『问题球』而主动学习。久而久之，『孩子王』们对终身学习的理念，有了更为深刻的理解。

"依霖小苑寻宝奇妙夜"
毕业主题活动

"依霖小苑寻宝奇妙夜"活动以 DIY 帐篷搭建大本营的方式开启独特毕业之旅。活动融合野餐分享的温馨、闯关寻密钥的趣味，赋予成长仪式感，还通过亲子书信传递温情，让毕业时刻成为镌刻童真与梦想的难忘记忆。

思路

盛夏如期而至，毕业随之而来，在这生机盎然的夏日里，2021 届依霖娃迎来了人生的第一次毕业！自 2020 年新冠疫情暴发至今，我们的生活总是伴随着一个新名词——"疫情背景下"，因此，我们的活动范围、活动内容受到诸多限制。然而，即便如此，面对孩子们人生的第一次毕业典礼，我们仍想让它充满仪式感和幸福味道。

毕业主题活动"我们的毕业季，我们做主"正式启动后，幼儿提出了许多的心愿，如："还想再吃一顿自助餐。""想去野餐。""我想再来一次校园夜游。""想和小伙伴一起疯狂游戏，开心学习。""希望弟弟妹妹能照顾好新老三。"……三年光景，在孩子们谈论心愿之际，依霖小苑的一幕幕浮现在眼前，萦绕在脑海心间。于是，在他们即将离开这充满爱与回忆的大家庭之际，结合孩子们的心愿清单，我们设计了"依霖小苑寻宝奇妙夜"毕业主题活动，想让他们握紧在"依霖小苑内的最后一束光亮"，勇敢挑战自己，记录自己的成长。

"寻宝奇妙夜"夜间活动开启前，"一家人"设计"毕业帐篷"，用画笔记录下对依霖小苑生活的美好回忆，围着帐篷一起轻唱园歌、毕业歌，感受自己动手筹备和合作制作的乐趣。在"依霖小苑寻宝奇妙夜"当晚，师生共同用自制的"DIY帐篷"布置大本营

场景。孩子们在大本营中和好朋友一起野餐，分享美食；和伙伴们一起合作互助，勇敢闯关寻宝，完成毕业前的又一次挑战，收获象征成长的勇气盾牌。

目标

· "一家人"DIY毕业帐篷，用画笔记录下对依霖小苑生活的美好回忆，感受和同伴一起合作绘制、动手筹备自己毕业活动的乐趣。

· "一家人"通过闯关游戏获取线索来寻宝，培养勇敢挑战自我、积极思考和解决问题、团结协作的品质。

· 在活动中，幼儿和伙伴们一起分享美食，勇敢闯关，机智寻宝，完成毕业前夕的又一次挑战，收获象征成长的勇气盾牌，留下最为深刻的毕业回忆和难忘的成长经历。

实录

初夏的阳光热烈而明亮，毕业班的小朋友们，在炎炎夏日迎来了他们人生中的首次毕业旅程。虽然在疫情背景下，大家的活动范围大幅受限，生活内容也发生了诸多改变，我们的活动也面临重重挑战，但我们依然希望孩子们人生中的第一次毕业典礼，充满仪式感且弥漫着幸福的味道。

在"依霖小苑寻宝奇妙夜"这场备受期待的夜间活动拉开帷幕之前，为了给孩子们的毕业季增添独特而美好的回忆，我们精心策划了"毕业帐篷DIY"活动。

"一家人"围在一顶顶白色的帐篷前，手中的画笔成了他们记录美好、抒发情感的神奇工具。在小苑度过的 3 年或 4 年里，那些丰富多彩的生活片段，在他们的笔下缓缓浮现。瞧，有的"家庭"兴奋地绘制着观看神舟十二号发射升空的场景；有的"家庭"正专注地描绘着和小伙伴一起在小苑中唱歌、跳舞、游戏的欢乐场景；有的孩子把参加依霖特色大活动的精彩瞬间画了下来，如热闹非凡的运动会场景、充满创意的科技节画面、温馨的阅读月活动情景；还有的孩子将讲新闻、做手工、吃美食的日常点滴呈现在帐篷上。

这些饱含深情的画作，不仅仅是孩子们对依霖小苑生活的生动记录，更是他们成长路上珍贵的记忆宝藏，将永远定格在这充满意义的毕业帐篷上。

当最后一顶帐篷在欢声笑语中完成装饰，绚丽多彩的画面、饱含深情的笔触，记录着孩子们在依霖小苑的成长足迹。所有人手牵着手，在亲手装饰的帐篷旁自然围成一个个圆圈。伴随着徐徐微风，悠扬的歌声缓缓响起，先是熟悉的园歌，那亲切的旋律，唤醒了孩子们在依霖度过的无数个美好的瞬间，从初次踏入校园的好奇与紧张，到与小伙伴们嬉戏玩耍的无忧无虑，再到活动中探索知识的兴奋与喜悦。

紧接着，毕业歌的旋律奏响，孩子们用纯真而稚嫩的嗓音，唱出对幼儿园生活的深深眷恋。歌声中，他们向朝夕相处的伙伴表达不舍，对悉心教导的老师致以诚挚的谢意，为陪伴自己成长的爸爸妈妈送上真心的祝福。在悠扬的歌声里，孩子们也为自己许下了心愿，期待未来的日子充满惊喜与挑战，希望自己能茁壮成长。此刻，温暖的氛围在夜空中蔓延，动手制作帐篷带来的成就感，和歌声交织在一起，成为孩子们童年中一段温馨又难忘的记忆。

白日里孩子们满怀热忱亲手绘制的毕业帐篷，到了傍晚，摇身一变，成了专属于"寻宝奇妙夜"的"帐篷大本营"。为了给孩子们打造沉浸式美学体验，让他们在日常生活中感受美、领悟美，依霖这群充满创意的"孩子王"，带着孩子们开启了一段温馨的"营地"布置之旅。

大家就地取材，充分利用班级和幼儿园里的各类物品。色彩斑斓的手工彩纸，被孩子们折叠成形态各异的花朵；闲置的彩色丝带，在孩子们手中变成了精致的蝴蝶结，装点在帐篷四周。同时，孩子们还拿出收集许久的各类食品和生活物品，小零食、彩灯、抱枕、毛绒玩具……这些看似平凡的东西，在大家的奇思妙想下，拥有了全新的生命力。

零食错落有致地排列，组成独特的图案；彩灯、抱枕和毛绒玩具镶嵌在帐篷边缘，营造出温馨舒适的氛围。经过一番努力，原本普通的帐篷大本营，被装点得五彩斑斓。每一顶帐篷都独具特色，"帐篷大本营"温馨又美丽。

当夜幕如轻柔的面纱缓缓落下，依霖小苑被梦幻的夜色笼罩，备受期待的"寻宝"活动，正式开始。

. 活动开始前，孩子们如同欢快的小鹿，蹦蹦跳跳地来到早已布置好的"帐篷大本营"。一顶顶由孩子们亲手绘制的帐篷，在夜色中散发着温馨的光芒，仿佛在讲述着孩子们在幼儿园度过的美好时光。在寻宝之旅即将启程之际，一场欢乐的野餐派对率先上

演。孩子们迫不及待地从背包里拿出精心准备的美食，有香甜的蛋糕、酥脆的饼干、多汁的水果，还有自己亲手制作的小点心。大家围坐在一起，你一言我一语，互相分享着美食与趣事，欢声笑语回荡在依霖小苑的每个角落。这场野餐不仅给孩子们带来了味蕾的享受，更重要的是，它圆了孩子们关于幼儿园最后一次野餐活动的心愿。

当夜幕完全笼罩住依霖小苑时，老师们精心准备好的寻宝奇妙夜闯关任务卡，宛如神秘的钥匙，开启了孩子们的冒险之旅。他们式领取专属的任务卡。有的孩子兴奋得蹦跳起来，双手紧紧攥住任务卡；有的孩子则闭上眼睛，默默许下找到宝藏的心愿，他们眼中写满了好奇，脸上尽显想要闯关的激动神情。

　　刚领到任务卡，孩子们便迫不及待地踏上了寻宝之旅。他们勇敢、自信，对照任务卡上的闯关提示，与伙伴们相伴而行。我们在寻宝闯关环节精心设计了合作游戏、竞争游戏与益智游戏，孩子们迅速自由组队，讨论着闯关策略，每一组孩子都跃跃欲试。

　　在运篮球环节，两两一组的孩子们手持棍子，稳稳地托着篮球，步伐一致，口中喊着"一二一"的口号，小心翼翼地向前迈进，他们期望用最短的时间运完规定数量的篮球，拿到新的"闯关密钥"；运呼啦圈时，孩子们面对面用肚皮紧紧顶住呼啦圈，一扭一摆地朝着终点前进。完成大件物品运送后，紧接着进行小件物品运送。为了尽快获取"毕业宝藏藏身之处"的线索，孩子们沉着冷静，面对突发状况随机应变，越"战"越勇，一边运送，一边交流："这是几号线索，线索指向了什么，你看明白了吗？"

　　没过多久，孩子们成功获取了一张又一张的宝藏线索卡。此刻，走廊里、大厅中都能看到他们忙碌的身影。他们有时眉头紧皱，认真思考线索含义；有时围在一起，热烈讨论；有时大胆猜测，提出各种想法；有时茅塞顿开，继续朝着下一个关卡奔去。带着心中的疑惑，他们每一步都走得小心翼翼，只为在最短时间内获取更多解锁线索。

　　吹物品的游戏将活动推向了又一个高潮。孩子们一会儿挑战吹倒多米诺骨牌，轻轻一吹，骨牌便像海浪般依次倒下；一会儿参与吹乒乓球进杯的游戏，涨红了小脸，努力将乒乓球吹入指定杯子；一会儿又玩起"乒乓球走鸡蛋托迷宫"游戏，巧妙控制吹气力度，引导乒乓球在迷宫中顺利前行。

　　当孩子们在小苑教学楼的各个活动室全

情投入闯关，绞尽脑汁寻找线索时，操场帐篷大本营里，一次温馨的秘密行动也在悄然上演。工作人员轻手轻脚，将爸爸妈妈提前精心准备的毕业礼物和饱含深情的信件，小心翼翼地藏进一顶顶帐篷里。

每一份礼物、每一封信件，都承载着家长对孩子的殷切期望与深深祝福。这些承载心意的物件，被巧妙隐藏在帐篷的不同角落，静静等待孩子们的到来。大家细致检查，确保每个孩子的毕业宝藏之礼都摆放到位，为这场寻宝行动保留十足的神秘感。

与此同时，孩子们为完成宝藏地图拼图，争分夺秒、马不停蹄地攻克一道道关

卡。待他们集齐所有线索，拼凑出完整的宝藏地图，便能循着地图指引，前往帐篷大本营，这个藏满惊喜的宝藏地，收获独属于自己的珍贵毕业祝福。

随着最后一块线索拼图归位，藏宝地的神秘面纱终于被揭开了。此时，夜幕早已笼罩大地，帐篷大本营在灯光的映照下，散发着梦幻的光芒。孩子们手持手电筒，兴奋得小脸通红，朝着营地飞奔而去。

"你好呀，宝贝！"不知是谁率先发现了藏在帐篷里的信，轻声地读了起来。孩子们这才意识到，这些是爸爸妈妈为他们精心准备的毕业礼物。在人生的第一个毕业季，收到这样一份特别的礼物，孩子们的心中涌起难以言表的感动。他们一个个小心翼翼地拆开信封，展开信纸，一行行饱含深情的文字映入孩子们的眼帘。信中，爸爸妈妈用质朴而温暖的语言，表达着对孩子的深切叮咛与无限关爱，字里行间都充满了对孩子未来成长的美好祝愿。他们沉浸在这份深沉的爱里，仿佛一瞬间长大了，安静地坐在帐篷里，专注地轻声读着爸爸妈妈写给自己的那封信。那一刻，整个帐篷营地弥漫着温馨与宁静，唯有孩子们轻声念信的声音在空气中回荡。

　　目睹着这一幕，"孩子王"们的内心也被深深地触动了。平日里活力四射、嬉笑打闹的孩子们，此刻变得如此认真、专注。老师们见证了他们的成长与蜕变，一股暖流涌上心头。随着活动接近尾声，老师们和孩子们一样，心中满是不舍，不得不轻声向夜幕中的依霖小苑和这段充满欢乐与回忆的时光道上一声"再见"。

　　这次奇妙夜活动，不仅仅是一场趣味十足的游戏，更是孩子们毕业前夕的成长挑战。在这个过程中，他们收获了勇气，这份勇气将化作坚固的盾牌，伴随他们在未来的人生路上披荆斩棘。

　　当活动接近尾声，孩子们的眼中满是不舍。尽管一遍又一遍说着"再见"，但这个充满欢笑与挑战的夜晚，早已深深烙印在他们的记忆深处，成为他们成长道路上最为珍贵的回忆。

摄像机定格的画面里，是毕业的你们。

愿三年小苑里的小日子化作未来路上的熠熠星光，下个夏天，我们再赴新程。

依霖小苑的多彩童年

嗨，小孩！我们一起"比个耶"

"嗨，小孩！我们一起'比个耶'"户外毕业典礼，以"我的毕业典礼，我做主"展开，让孩子自己当主角。大家共同见证孩子们的成长蜕变，在草坪亲子自助餐中分享快乐，在游戏里兑现约定。这场充满仪式感的活动，不仅为孩子们留下了独立成长的印记，也为亲子家庭记录下相伴的美好时光。

思路

随着时间的推移，毕业季悄然而至，依霖 2024 届毕业生们的幼儿园生活即将走向终点，充满了欢声笑语的三年依霖小苑时光，转眼即逝。

六月，这个特别的月份，承载着欢聚的喜悦，也弥漫着离别的不舍。在依霖，我们始终坚信孩子是舞台的主角，"我的毕业典礼·我做主""我的人生舞台·我展示"，正是对这一理念的生动诠释。毕业，意味着孩子们将迈向新的人生阶段，实现又一次"蜕变"，这场毕业典礼，是他们人生旅程中的第一场盛典，更是在依霖小苑的最后一课。

此次毕业典礼以"依霖小苑的多彩童年——嗨，小孩！我们一起'比个耶'"为主题，旨在用"爱与幸福""成长与蜕变"，为孩子们的幼儿园生活画上圆满的句号。活动主要分为两个部分：

第一部分是毕业生典礼仪式。孩子们将以小主人的身份，在专属舞台上充分展现自我，通过温馨的互动仪式、自信的歌舞表演，完成在幼儿园的最后一次成长蜕变，用大方、自信的表现，向老师、家长和小伙伴们，表达对三年相伴的感恩之情。

第二部分是毕业生成长 party。家园一起精心筹备，共同为孩子准备一场美食成长体验趣味游艺活动，相互表达感恩之情，共同铭记这个美好的夏日，留下一段最美、最精彩的回忆。

目标

· 通过毕业典礼的仪式，孩子们在"我的毕业典礼 · 我做主""我的人生舞台 · 我展示"中尽情地展现自我，用温暖互动的仪式和自信勇敢的演出完成幼儿园的最后一次蜕变，用落落大方的表现感恩老师、家长、伙伴们的陪伴。

· 通过家园共同准备的美食成长游艺会，让孩子们在轻松愉快、温馨友爱的氛围中，彼此感恩，共同铭记，体会依霖大家庭浓浓的温暖与爱。

　　我们将美好与期待藏进这一处处环境中,让它成为爱的载体,陪伴孩子们度过这个难忘的时刻。
希望这些充满爱与温暖的场景，能深深印刻在孩子们的脑海，也永远留存在我们心间，成为彼此记
忆中熠熠生辉的那一个片段。

实录

这一学期，依霖将"我的情绪，我做主"作为开学典礼的主题，正式开启情绪管理课程。此举意在引导孩子们成为自己情绪的主人，实现身心健康成长。如今，在毕业之际，再次齐聚，一起"比个耶"，希望孩子们带着积极愉悦的心情告别幼儿园生活，勇敢踏上新的征程。

三年的时光里，为了助力孩子们茁壮成长，"依霖人"——老师与家长们相互扶持、彼此信任，在依霖这个充满爱的大家庭里，携手前行，将"爱与温暖""幸福与欢乐"一次次传递。毕业典礼作为孩子们人生旅程中的第一场盛典，见证着孩子们的又一次华丽蜕变，也是他们在依霖小苑里的最后一课。依霖 2024 届大班毕业典礼以"嗨，小孩！我们一起'比个耶'"为主题，希望用满溢的"幸福与欢笑"、深切的"爱与感恩"、显著的"成长与蜕变"，为孩子们的幼儿园生活画上一个圆满的句号。

看，毕业典礼的现场已经准备就绪，每一处精心装点的角落，都在等待着活动拉开序幕。不妨先通过这些环境布置，沉浸式感受即将到来的美好。让我们一起"比个耶"，愿未来的日子，大家携手变得更好。

每一处环境细节，都倾注着"依霖人"对孩子们无微不至的爱，寄托着我们的深深祝福。正所谓"环境会说话"。环境无声，却似会诉说动人故事。从五彩斑斓的成长拱门，到饱含童趣的手绘班级毕业海报，从俏皮灵动的舞台设计，到精心摆放的装饰摆件，从吸引眼球的餐食摊位，到唯美雅致的座位席，每一处巧思和用心，背后都有着深刻的寓意。

在一片温馨而热烈的氛围中，毕业典礼的入场仪式正式拉开帷幕。孩子们手牵手走过成长门。穿过这扇象征成长的大门，意味着他们践行了一起长大的约定，完成了人生旅程中的又一次华丽蜕变，即将迈向人生的崭新阶段。

身着礼服的老师和孩子们两两搭配，在悠扬舒缓的《爱的华尔兹》旋律中迈着轻盈的步伐，依次通过成长门。随后，他们有序走入观众席，紧紧"包围"住爸爸妈妈们。这一独特的举动，寓意着孩子们用爱与感恩将父母"包围"，表达对父母养育之恩的诚挚谢意。

紧接着，孩子们齐声唱响《听我说谢谢你》，用清澈温暖的歌声，传递对爸爸妈妈的感恩之情。在另一首《老师》的旋律里，孩子们与爸爸妈妈一同用歌声感恩老师，感谢老师们三年来的悉心陪伴与辛勤付出。大家相互祝贺，在温暖的氛围中享受这段美好的时光。

从携手入场到深情歌唱，每一个环节都饱含深意，依霖用这场充满"爱与感恩"的仪式，为毕业典礼奏响了开篇乐章。

在依霖的毕业典礼上，"我的毕业典礼·我做主""我的人生舞台·我展示"不仅仅是口号，更会化作孩子们的实践准则。毕业生们以精彩纷呈的节目，为自己的成长与蜕变献上独特礼物，共同回顾在依霖小苑度过的多彩童年。

在典礼现场，酷炫小主持身着精致礼服，迈着自信的步伐闪亮登场。他们凭借稳健的台风、伶俐的口齿，有条不紊地把控着现场节奏，为活力满满的典礼拉开了序幕。

随后，毕业生们带来充满激情的《鼓动未来》。舞台上，孩子们全神贯注，手中的鼓槌上下翻飞，激昂的鼓点激情四射，演绎出他们对未来的无限憧憬。紧接着，《童说四季》情景演绎将观众带入诗意的四季轮回。孩子们通过声情并茂的朗诵，灵动的肢体表演，赋予了古诗词鲜活的生命力，展现了对传统文化的独特理解。

小演员们带来《悬崖上的波妞》，他们通过轻盈的舞姿和丰富的表情，将波妞的勇敢和纯真展现得淋漓尽致，让人仿佛置身于梦幻的童话世界。而毕业生们的《酷炫篮球》和《绳彩飞扬》，更是将现场气氛推向高潮。篮球在他们手中快速旋转、跳跃，他们默契配合，完成各种高难度动作；跳绳在他们脚下上下翻飞，一招一式都充满力量，彰显着无限的活力。

老师们也登上舞台，带来小合唱《飞来的花瓣》。悠扬的歌声饱含对孩子们的祝福与期望，传递出师生间深厚的情谊。

在这场典礼中，孩子们用自己的方式，成为舞台上最璀璨的明星。他们在这个象征"最后一课"的舞台上，将自信大方、勇敢坚毅的品质展露无遗，赢得了现场家长们一阵欢呼和掌声。这场毕业典礼，不仅是对幼儿园生活的美好告别，更是孩子们迈向新征程的响亮序曲。

毕业生代表用稚嫩却坚定的声音，分享在依霖小苑的难忘回忆。从初次入园的紧张，到结识伙伴的快乐，再到学习新知识的自豪，回忆中满是眷恋。最后，毕业生代表向老师和家长表达感谢，并祝愿小伙伴们在未来学业有成，友谊长存，快乐永驻。

家长代表满怀感恩之情，感谢老师们的辛勤付出，因为是她们的悉心照料与耐心引导，让孩子学会独立、收获知识与友谊。同时，也为孩子们送上祝福，希望他们在新环境里，保持好奇心，乐观积极地面对挑战。

园长饱含深情，讲述孩子们在依霖的点滴进步，不仅肯定了他们的成长，还对他们未来的学习和生活提出殷切期望，鼓励他们勇敢追梦。

在激昂又温情的氛围中，毕业生们排着整齐的队列，在爸爸妈妈有节奏的掌声中通过成长门走上合唱台。他们用澄澈的嗓音唱响依霖园歌《许愿》和《毕业歌》，歌声悠扬，唱出了对依霖小苑生活的眷恋不舍，也寄托着对未来生活的美好期待。紧接着，一曲《明天再相见》，将现场的氛

围推向高潮，那旋律仿佛诉说着孩子们之间纯真的友谊。

歌声渐歇，园长和老师们手捧着孩子们的第一张毕业证书，郑重地颁发到每一位毕业生手中。这一刻，孩子们的眼神中满是自豪，毕业证书不仅仅象征着幼儿园生活的圆满结束，更意味着他们即将踏上新的征程。随后，孩子们围在装饰精美的毕业蛋糕旁，一同吹蜡烛、切蛋糕，许下心中小小的心愿。

在一片欢呼声中，家长们松开手中的气球，孩子们放飞手中的纸飞机。五彩斑斓的气球缓缓上升，承载着梦想的纸飞机飞离掌心，寓意着孩子们放飞梦想，逐梦远航。相信未来，他们定会带着依霖小苑赋予的爱与阳光，带着微笑与欢乐，勇敢无畏地前行，书写属于自己的精彩篇章。

毕业典礼仪式圆满落下帷幕，充满欢乐的毕业成长 party 火热开场。一想到接下来要和爸爸妈妈共同参与这场盛宴，孩子们的脸上就洋溢着抑制不住的兴奋。

这是幼儿园生活的最后一次盛宴，有爸爸妈妈陪伴的自助餐格外美味，孩子们笑着说要把未来三年的自助餐份额都装进小肚子，牢牢记住这份独特的味蕾记忆。在这场美食游艺会里，孩子们一起品美食、玩游戏，度过的每一分每一秒，都无比珍贵。

我们会将这些美好的点滴小心珍藏在心底，最后，大家一起"比个耶"。相信在未来的日子里，孩子们会带着这份珍贵的回忆，遇见更好的自己。

一直以来，爸爸妈妈看着孩子们享用幼儿园自助餐，都满心期待能亲身参与。如今，毕业自助派对让这份心愿成真。现场美食琳琅满目，香气四溢。孩子们与爸爸妈妈、老师、小伙伴围在一起，一边享受着美味、开心畅谈，一边参加毕业典礼现场的游戏活动。

在享受美食和参与游戏之余，孩子们纷纷拉着老师，在幼儿园的各个角落合影留念，想要定格这最后的美好瞬间。吃饱喝足后，欢乐的游戏时光更彰显美好，孩子们与小伙伴们嬉笑玩耍，现场充满欢声笑语。

在"我的毕业典礼·我做主""我的人生舞台·我展示"理念的引领下，毕业典礼为孩子们打造了专属的成长舞台。通过精心设计的温暖互动仪式，孩子们有机会自信、勇敢地展示才艺，实现了在幼儿园阶段的最后一次华丽蜕变。他们以落落大方的言行举止，感恩老师的悉心教导、家长的无私陪伴，以及小伙伴的朝夕相伴时光。这种全方位的展示与表达，不仅仅增强了孩子们的自信心，更让他们懂得了珍惜与感恩。

家园携手筹备的美食成长游艺会，巧妙营造出轻松、愉快、温馨且充满爱意的氛围。孩子们在享受美食、参与游艺的过程中，相互交流、表达感恩，在欢声笑语中感受依霖大家庭的温暖。这场游艺会，不仅加强了亲子间的情感联结，还在孩子们心中播下了爱的种子，让他们铭记这份独特的温暖，带着满满的爱与勇气，迈向人生新旅程。

小小的身影自信迈步，依霖娃最棒！

"爸"气十足，"职"因有你

爸爸的职业体验活动

爸爸的职业体验活动以依霖"笑"园文化"三人行，必有我师"理念为核心，邀请爸爸化身"老师"打造职业启蒙课堂，让孩子在真实场景中了解多元职业（包括新兴职业）的内容、魅力与价值，既激发了孩子们对职业的热爱，又架起了亲子共探社会的成长桥梁。

思路

每个孩子心中都埋藏着一颗职业梦想的种子，他们憧憬着长大后能将其实现。在游戏的小小天地里，角色扮演是孩子们探索社会的独特方式。孩子们常通过角色扮演化身"小厨师""小警察""小画家"，沉浸式地体验着不同职业的乐趣，乐此不疲。事实上，正是从事这些丰富多样职业的人们，像精密齿轮般相互协作，构成了有序运转的社会，满足了人们生活方方面面的需求。

在家庭生活和幼儿教育中，爸爸的角色极为重要。爸爸们凭借丰富的社会阅历与独特的教育方式，为孩子打开认识世界的全新窗口，对孩子的成长有着深远影响。依霖"孩子王"们敏锐地捕捉到这一教育契机，策划了爸爸的职业体验活动。

活动以依霖"笑"园文化中"三人行，必有我师"的教育理念为指引，通过创设真实的情景环境，邀请爸爸们化身"爸爸老师"，为孩子们带来别开生面的职业启蒙小课堂。活动中，孩子们不仅能够深入了解各类职业的工作内容，沉浸式感受不同职业的独特魅力，理解每种职业的特性与价值，还能接触当下社会环境延伸的新兴职业，拓展对已有职业的认知。这不仅有助于引导孩子们对不同职业萌生尊重与理解，还能激发他们对特定职业的热爱，让"长大后成为一名……"的理想在孩子们心中生根发芽。

目标

· 开展爸爸的职业体验活动，让幼儿了解不同职业，初步感知不同职业在生活中的重要性。

· 诚邀爸爸们以职业者身份走进幼儿园，参与幼儿教育，为孩子的成长提供陪伴，进一步打通家园沟通渠道，促进家园间深度互动。

· 让幼儿了解当下社会环境延伸的新兴职业，拓展幼儿对职业的认知。

实录

为拓宽孩子们对社会职业的认知，丰富他们的体验，依霖开展了爸爸的职业体验活动。

活动当日，18 位从事不同职业的爸爸走进依霖小苑，他们摇身一变，成为一位位专业的"孩子王"，借助实物展示、情景模拟等方式，为孩子们带来一场场别开生面的职业知识之旅。

1 汽车置换师

想知道汽车置换师是做什么的吗？混龄一班张爸爸的知识课堂即将为你揭开谜底！"孩子王"们巧用心思，把活动现场布置成了汽车置换厅，营造出超真实的职业体验氛围。

活动中，张爸爸详细讲解了汽车置换师的日常工作。在他的引导下，小朋友们不仅了解到汽车置换的业务内容，还收获了许多有趣的汽车知识，认识了不同种类的汽车，知道了发动机为什么被称作汽车的"心脏"。

最让孩子们兴奋的，当属"让小车动起来"的科学小实验。在张爸爸的指导下，大家亲手操作，见证了小车开动的神奇瞬间，体验到了科学的无穷魅力。

除了汽车置换师，和汽车紧密相关的职业还有汽车制造工程师。中二班严爸爸就从事这个职业。课堂上，严爸爸化身老师，为大家揭开汽车制造工程师的神秘面纱。严爸爸用简单的方式，介绍冲压如何让金属板材变形，焊接如何将零部件连为一体，涂装如何为汽车披上漂亮外衣，总装如何让汽车最终成型。严爸爸借助生动讲解和趣味互动，让孩子们了解到汽车制造需历经冲压、焊接、涂装和总装这四大关键环节。原本复杂的汽车生产流程，在严爸爸的讲述下，变得通俗易懂。小朋友们踊跃举手，积极互动，沉浸式感受汽车制造的魅力。

2 汽车制造工程师

电气工程师 3

想知道生活里的电从何而来吗？风扇为什么能转动？声控灯又藏着什么秘密？托一班开展的电气工程师职业体验课堂上，雷爸爸为小朋友们一一解答。

雷爸爸在活动中带来多个趣味电力小实验。通过"摩擦起电"实验，大家亲眼见证用毛皮摩擦过的橡胶棒，竟能吸附小纸屑，从而感受到静电的神奇力量。最受欢迎的当属声控灯互动环节。雷爸爸邀请小朋友们对着用声控灯原理制作的声控灯小实验展板，大声喊自己的名字，随着一声声稚嫩的呼喊，展板上的小灯泡瞬间亮起，教室里充满惊叹和欢笑，孩子们眼神里满是难以置信。在轻松愉快的氛围中，小朋友们学到知识，也对电气工程师这个职业产生浓厚的兴趣。

同为电气工程师，不同的工作场景下，工作内容有哪些差异？混龄一班杨爸爸带来的科普小课堂，将知识拓展到港口建设与运输船领域。

活动中，杨爸爸借助精美的图片，向孩子们展示繁忙的港口景象。原来，从货物的装卸到运输船的靠岸，背后都离不开电气工程技术的支持。通过讲解，孩子们了解到大型起重机、传送带等设备如何依靠电路系统运作。互动时，孩子们踊跃发言，提出各种有趣的问题。在轻松的氛围中，孩子们记住了超级港口的相关知识，初步感受到电气工程技术在港口发展中的重要性。

飞机维修工程师 4

　　在混龄六班活动室，一场充满趣味与知识的飞机维修工程师职业体验活动正在进行。身为飞机维修工程师的贺爸爸，摇身一变成了孩子们的老师。课堂上，贺爸爸带来逼真的飞机模型和精美的PPT图片，从机身到机翼，从起落架到驾驶舱，细致入微地讲解飞机的基本构造，让孩子们对飞机有了初步认识。

　　随后，贺爸爸深入揭秘飞机的常见故障。他绘声绘色地讲述着起落架收放异常、机翼出现裂缝等故障案例，孩子们听得很入神。当贺爸爸介绍飞机"体检"和维修知识时，教室里小手如林，孩子们的"小问号"一个接一个，他们抛出了各种各样的问题："飞机生病了，也会像我们一样吃药吗？""修飞机要用什么工具呀？"……面对这些充满童真的问题，贺爸爸面带微笑，用简单易懂的话语耐心地一一解答。

　　"飞机为什么能像鸟儿一样飞在天上？飞机里面究竟藏着哪些秘密？"当这些疑问在孩子们心间悄然萌芽，混龄二班别开生面的飞机探秘之旅正式启航。同样作为飞机维修工程师的温爸爸，为孩子们揭开了飞机与航空机务职业的重重奥秘。活动中，温爸爸带来了许多逼真的飞机模型。他引导孩子们一起观察飞机结构，介绍机身、机翼、发动机、起落架等各个部件。借助精美的图片和生动的视频，孩子们看到了飞机翱翔蓝天的震撼画面，也看到了飞机降落后，机务人员忙碌检修的场景。温爸爸向孩子们介绍了航空机务团队里丰富多样的岗位，从维修工程师到质量检验员，让孩子们明白每一个岗位都对飞行安全至关重要。这堂生动的职业体验课，不仅让孩子们了解到飞机的奥秘，更在他们心中种下一颗尊重与探索的种子。

"您乘坐的航班，即将起飞。"听到这熟悉的广播，你有没有想过，飞行员登机和普通乘客一样吗？中一班黄爸爸带来一场有趣的飞行员职业体验互动课。

5 飞行员

活动刚开始，黄爸爸身着笔挺的飞行员制服闪亮登场，这身制服搭配帅气的肩章，瞬间吸引了孩子们的目光。小家伙们围作一团，七嘴八舌地猜测起黄爸爸的职业。有的孩子歪着脑袋，大声说道"是警察！"还有的孩子满脸兴奋，嚷嚷着："不对，是机长！"紧接着，黄爸爸巧妙利用飞机模型和现场还原的登机口等场景，配合装满专业设备的飞行员行李箱，生动演绎飞行员登机的全流程。他一边展示，一边用简单易懂的语言讲解，从航前细致的飞行计划制定，到有条不紊的登机准备，再到登机后对飞机各项设备的检查，黄爸爸讲得生动有趣。孩子们听得目不转睛，对飞行员的日常生活有了直观且深入的认识。

6 药品质量管理师

在混龄一班活动室，一场充满趣味与知识的奇妙之旅火热开启。陈爸爸化身药品质量管理老师，引领孩子们走进生物与健康的奇妙世界，探索药品质量管理与生物科学的奥秘。活动开始，陈爸爸通过有趣的动画视频，向孩子们科普生物分类知识。从威风凛凛的动物、生机盎然的植物到肉眼难见的微生物，孩子们跟随着视频，进入五彩斑斓的生物王国。随后，陈爸爸话锋一转，引入微生物感染的预防知识。他用通俗的语言，讲解细菌和病毒如何入侵人体，导致生病。活动最后，陈爸爸分享药品质量管理的工作内容，讲述如何确保药品安全、有效，守护人们的健康。

7

骨科医生

　　混龄六班葛爸爸的骨骼科普体验课也开始了。作为一名骨科医生，葛爸爸带领孩子们畅游在"身体里的骨头"的知识海洋，帮助他们树立正确的骨骼保护意识。

　　葛爸爸先拿出一副逼真的人体骨骼模型，瞬间吸引了孩子们的目光。他一边指着模型，一边用生动的语言介绍人体主要骨骼的名称和位置，比如保护大脑的头骨、支撑身体的脊柱和灵活的四肢骨。为了让孩子们更好地理解，葛爸爸让孩子们摸摸自己的骨头，感受它们的存在。

　　接着，葛爸爸通过有趣的动画和真实的案例，讲解骨骼对人体的重要性。他告诉孩子们，骨骼不仅支撑着身体，还能保护内脏器官。为了让孩子们明白保护骨骼的必要性，葛爸爸分享了一些因不注意安全导致骨折、骨裂的小故事。孩子们听得聚精会神，深刻理解了为什么不能做不安全行为。互动中，葛爸爸还教给了孩子们一些简单实用的骨骼保护方法，如保持正确的坐姿、站姿，多吃富含钙的食物，进行适量的运动，等等。

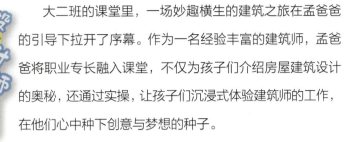

大二班的课堂里，一场妙趣横生的建筑之旅在孟爸爸的引导下拉开了序幕。作为一名经验丰富的建筑师，孟爸爸将职业专长融入课堂，不仅为孩子们介绍房屋建筑设计的奥秘，还通过实操，让孩子们沉浸式体验建筑师的工作，在他们心中种下创意与梦想的种子。

活动开始，孟爸爸借助一幅幅精美的建筑设计图，深入浅出地讲解知名建筑设计师的房屋设计理念，孩子们听得全神贯注。随后，孩子们跟着孟爸爸进入实操环节，他们运用纸杯、彩笔、方格子宝石贴纸等材料，尝试高迪风格的房子设计。孩子们热情高涨，时而热烈讨论，时而沉浸于设计独特的外形创作中，一边搭建，一边分享自己的奇思妙想。孟爸爸穿梭在各个小组之间，为孩子们提供指导，对他们的创意想法给予肯定。在大家的共同努力下，形态各异的"建筑作品"诞生了，每一件都充满童真与想象力。

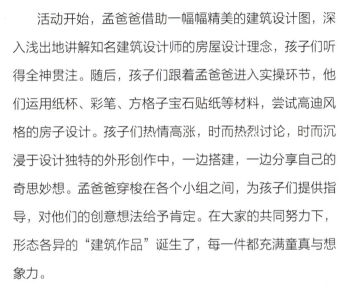

8
建筑师

混龄二班的赵爸爸作为此次活动的特别老师，带着对重庆小面的专业厨艺，和孩子们走进重庆小面的世界，一起探寻这道经典美食的制作奥秘。活动中，赵爸爸精心摆放好制作重庆小面的各种食材和用具，有细长劲道的面条、新鲜翠绿的蔬菜、色泽诱人的肉酱等，并逐一进行了介绍。随后，赵爸爸开始示范煮面的过程，很快，一碗色香味俱全的重庆小面呈现在孩子们面前，诱人的香气弥漫在教室里，孩子们馋得直流口水。到了实践环节，孩子们围在操作台前，跃跃欲试。赵爸爸给每个孩子分发了适量的面条和调料，鼓励他们自己动手操作。这次美食体验活动，不仅让孩子们学会了制作重庆小面，品尝到了自己的劳动果实，还让他们在实践中感受到了烹饪的乐趣，加深了对美食文化的认识。

9
厨师

在多功能厅，一场活力四射的音乐之旅在巫爸爸的带领下欢快启程。作为音乐课堂的"特别老师"，巫爸爸带着尤克里里走进多功能厅，用灵动的音符和热情的节奏，和孩子们一起打开了音乐世界的大门。在一场欢乐音乐会中，孩子们沉浸式领略音乐带来的纯粹快乐。

10 音乐家

巫爸爸面带微笑，怀抱尤克里里坐在孩子们中间，指尖轻拨琴弦，弹奏起一首首轻快的歌曲。巫爸爸手把手教孩子们拨弦，在轻松愉快的氛围中，孩子们逐渐掌握了拨弦的要领，教室里响起了尤克里里的弹奏声。除了尤克里里，巫爸爸还用非洲鼓、沙锤、铃鼓、三角铁等小乐器，鼓励孩子们自由组合，即兴创作。在音乐会上，孩子们分组表演，有的弹奏尤克里里，有的用小乐器伴奏，欢快的旋律回荡在教室的每个角落，孩子们的脸上洋溢着灿烂的笑容。这场特别的音乐会，不仅让孩子们尝试了弹奏尤克里里，而且让他们在音乐的海洋中感受到了音乐的无穷魅力，尽情享受沉浸在音乐中的快乐。

11 导演

"想知道脑海里的奇妙画面，怎样瞬间变成照片吗？"在混龄三班，孙爸爸——一位资深的静物摄影师与短片导演，带着孩子们叩开了 AI 摄影的神奇大门，开启了一场充满科技魅力的探索之旅。

为了让孩子们亲身体验 AI 摄影的奇妙，孙爸爸邀请孩子们上台描述自己心中的画面。一个小男孩兴奋地说："我想要一只穿着宇航服，在月球上蹦跳的兔子。"孙爸爸在设备上输入指令，眨眼间，一幅充满童趣的 AI 摄影作品便出现在屏幕上。孩子们看到自己描述的场景变成现实，兴奋地鼓掌欢呼，纷纷踊跃发言，有的想要海底世界里会发光的城堡，有的想要骑着彩虹的独角兽。这次课堂，不仅让孩子们体验到 AI 摄影的神奇，还激发了孩子们对 AI 摄影背后科技力量的好奇。

混龄二班黄爸爸作为互联网产品经理，凭借其专业知识和对科技的敏锐洞察，摇身一变成为课堂上的"孩子王"，引领着小朋友们踏入 AI 的奇妙领域，探索 AI 绘画的无限可能。黄爸爸以与豆包对话的方式引入，用简单的语言向孩子们介绍了 AI 的基本概念，解释了 AI 是如何通过学习大量数据来进行创作的。接着，黄爸爸鼓励小朋友们发挥想象力，大胆说出自己心中所想的画面。小朋友们纷纷踊跃发言，说出自己心中的画面。随后，黄爸爸带着孩子们一起使用 AI 工具进行创作。当一幅幅充满童趣和想象力的 AI 儿童画呈现在屏幕上时，小朋友们兴奋地欢呼起来，他们欣赏着彼此的作品，分享着创作的喜悦。

身为 AI 人工智能产品经理的小一班王爸爸，也来到了活动现场。他化身小班和中班孩子们的老师，引领着孩子们踏入 AI 人工智能的奇妙领域，揭开人脸识别技术的神秘面纱。为了让小朋友们直观地感受人脸识别技术，王爸爸拿出一个简易的人脸识别设备。他邀请小朋友们依次上前，将脸对准设备的镜头。当设备快速识别出小朋友的身份并发出提示音时，教室里响起一片惊叹声和欢笑声。有的小朋友兴奋地跳起来，有的则好奇地盯着设备，想要一探究竟。接着，王爸爸通过一些生活中的实例，进一步讲解人脸识别技术的应用。他告诉小朋友们，在机场安检、银行取款、手机解锁等场景中，都会用到人脸识别技术。

12

产品经理

13 电商经理

"屏幕里的商品，是怎么跑到我们家门口的？"带着这样的好奇，依霖直播间正式开播。中一班许爸爸凭借电商销售管理的专业经验，化身主播老师，为孩子们揭开电商行业的神秘面纱，开启了线上商贸的探究之旅。

直播开始，许爸爸通过提问"如果我们要买东西，可以在哪里买"，帮助孩子们直接进入直播间购物现场。紧接着，许爸爸重点讲解了网上货物运输的方式和电商物流的运作流程。最后，许爸爸邀请孩子们模拟电商购物场景，亲身体验下单流程。孩子们兴奋不已，认真挑选"商品"，完成"支付"，在欢声笑语中加深了对电商销售的认识。这次依霖直播间的特别直播，不仅拓宽了孩子们的视野，让他们了解了电商销售管理这一新兴职业，而且激发了他们对现代科技和商业运作的探索欲望，为孩子们打开了一扇通往数字经济世界的大门。

14 游轮导游经理

中一班甘爸爸作为资深的游轮行业专家，走进课堂，为孩子们带来了一场关于游轮游览的奇妙知识之旅，分享了游轮行程安排和船上活动的趣事。

课堂上，甘爸爸通过一段精彩的 PPT，展示了豪华游轮在大海上乘风破浪的壮丽场景，瞬间点燃了孩子们的好奇心。孩子们的眼睛里闪烁着兴奋的光芒，纷纷被画面中美轮美奂的游轮和无边无际的大海吸引。随后，甘爸爸拿出精心准备的游轮模型，详细介绍了游轮的各个部分：从舒适的客房、热闹的餐厅、充满欢乐的娱乐设施区域，孩子们听得津津有味，不时发出惊叹声。接着，甘爸爸向孩子们简要介绍了游轮的行程安排。他告诉孩子们，在规划游轮之旅时需要考虑许多因素，比如要根据不同季节、不同游客的喜好选择合适的航线。

15 通信工程师

在大二班软件工程师冯爸爸的带领下，孩子们开启了软件世界里的奇妙导航。冯爸爸首先展示了通信和导航技术在我们日常生活中的广泛应用的图片，并进行了介绍。孩子们初步了解了手机是如何通过信号与远方的亲人通话，汽车的导航系统怎样指引人们到达目的地，卫星又如何在太空中为地球上的各种设备提供定位服务。

活动中，冯爸爸还为孩子们介绍了信件这种传统的通信方式。他告诉孩子们，在过去没有手机和网络的时候，人们就通过写信来传递信息和情感。为了让孩子们有更真切的感受，活动现场准备了信纸、信封和红色的信箱。孩子们纷纷拿起笔，歪歪扭扭地写下或画下自己想说的话，然后把信装进了信封，投进了红色的信箱。通过这次活动，孩子们不仅对通信和导航技术有了更深入的了解，还体验了传统信件通讯的魅力，在心中种下了探索科技和文化的种子。

中二班姜爸爸作为一名软件工程师，带着对编程的热爱和专业知识，引领着孩子们踏入奇妙的编程世界，一同探索编程儿童趣味游戏的奥秘。姜爸爸先通过一段精彩的动画视频，展示了编程在生活中的广泛应用。孩子们瞬间被吸引，脸上露出好奇的神情。接着，姜爸爸向孩子们介绍了即将接触的编程软件，用简单的语言讲解了编程的基本概念。

16 软件工程师

为了让孩子们更好地理解，姜爸爸现场演示了一个简单的编程儿童趣味游戏。他一步步地在编程软件上操作，一边操作一边讲解。孩子们围在电脑前，目不转睛地看着，当看到小角色按照指令动起来时，教室里响起了一片欢呼声。紧接着，姜爸爸根据每个孩子提出的趣味场景和要求，为他们定制编程，孩子们更为激动。这次活动让孩子们体验到了编程的乐趣，也培养了他们的逻辑思维能力和创造力。

17 驯兽师

在孩子们的成长旅程中，认识丰富多彩的职业、感知世界的广阔与多元，是极为重要的一课。为此，依霖幼儿园策划了"'爸'气十足，'职'因由你"爸爸职业体验活动。活动期间，18 位来自不同行业的爸爸化身老师，不仅在园内带来精彩纷呈的职业体验课堂，还充分发挥自身资源优势，为孩子们创造外出社会实践的宝贵机会。

在混龄五班李爸爸的积极协调下，混龄组大班的孩子们和混龄五班全体小朋友，怀揣着兴奋与好奇，走进警犬基地，开启一场探秘警犬驯导师职业的奇妙之旅。踏入警犬基地，威风凛凛的警犬和训练有素的驯导师瞬间抓住了孩子们的眼球。专业警犬驯导师为孩子们讲解警犬驯导师这一职业的工作内容。驯导师介绍，他们不仅要负责警犬的日常训练，让警犬掌握追踪、识毒、搜爆等技能，还要悉心照顾警犬的饮食起居，与警犬建立深厚的感情。孩子们聚精会神地听着讲解，对驯导师的工作有了初步认识。

活动现场，驯导师还带来了精彩的警犬技能展示。在互动环节，孩子们近距离观察警犬，抚摸它们的毛发，与它们亲密接触。部分孩子还在驯导师的指导下，尝试下达简单指令，体验驯犬的乐趣。这次走进警犬基地的社会实践活动，让孩子们直观了解了警犬驯导师这一职业，拓宽了视野，培养了对不同职业的尊重与理解。

爸爸的职业体验活动，通过园内课堂与外出实践相结合的方式，为孩子们打开了认识世界的新窗口，助力孩子们健康快乐地成长。

在孩子们的成长旅程中，职业启蒙教育至关重要。每个孩子心中都有着对未来职业的好奇，"我长大要做什么？""长大后想要成为一名……"常常萦绕在他们心间。为帮助孩子解答这份疑惑，深入认识职业，我们精心策划了这次爸爸的职业体验活动。

爸爸的职业体验活动帮助幼儿全方位了解不同职业，真切体会不同职业在日常生活中发挥的重要作用。爸爸们来自各行各业，他们用孩子们易懂的方式介绍自己的职业，分享自己的工作内容。通过分享互动，孩子们近距离地感受了不同职业的独特魅力，初步认识到正是这些职业的协同运转，才让我们的生活井然有序。

爸爸们以职业者的身份走进校园，通过深度参与幼儿教育、陪伴孩子成长的方式，推动了家园之间的沟通与互动。一直以来，家园共育都是幼儿健康成长的重要支撑。爸爸们丰富的社会阅历和独特的教育视角，为幼儿的教育注入了新活力。在活动中，爸爸们亲自参与教学，和孩子们互动，增进了亲子感情。

爸爸的职业体验活动，既为孩子们开启了职业启蒙的大门，也凝聚了家园合力，为孩子们的美好未来奠定了坚实的基础。

爸爸的职业体验

们的美好未来奠定了

欢迎下次再来小苑做客！